Du mépris à la colère

DU MÊME AUTEUR

Permis de construire
Nous vivrons ce que nous changerons
avec la collaboration de Jean-Pierre Gonguet
Tallandier, 2015

Réinventer le progrès
avec Pascal Canfin
Les petits matins, 2016

Au boulot !
Manifeste pour le travail
Dialogue avec Denis Lafay
Éditions de l'Aube, 2018

Syndiquez-vous !
avec Claude Sérillon
Cherche Midi, 2019

Sortir de la crise
Agir vite, penser loin
Calmann-Lévy, 2020

Quelle société veut-on ?
Dialogue avec Denis Lafay
Éditions de l'Aube, 2021

Laurent Berger
avec Béatrice Leca

Du mépris à la colère

Essai sur la France
au travail

Éditions du Seuil
57, rue Gaston-Tessier, Paris XIXe

ISBN 978-2-02-154177-9

www.seuil.com

À Frédéric Sève,
mon ami et camarade parti trop tôt

Introduction

Il n'est pas encore temps de tirer toutes les leçons de l'épisode de la réforme des retraites : les conséquences seront immenses, sur les plans social et politique notamment. Mais il est certainement plus que temps de remettre au cœur de la réflexion la question centrale, question à partir de laquelle cette réforme aurait dû être pensée, et qui occupe nos vies à tous : le travail.

Comment cette question s'est-elle perdue ? Comment en est-on venu à réduire le travail à une pure donnée économique, à un coût, ou bien à une punition, une souffrance ? Comment a-t-on pu oublier que le travail est avant tout une réalité sociale, une expérience, le quotidien très divers et très concret de dizaines de millions de gens en France, qu'il faut écouter pour comprendre, qu'il faut entendre, avant d'envisager des réformes qui changeront leur vie ?

Depuis dix ans, chaque semaine, je vais à la rencontre des salariés d'une entreprise. Je rencontre l'équipe syndicale, je discute avec les militants, mais aussi avec tous ceux qui veulent parler, sur site ou lors de réunions. Ma première question, c'est toujours : « Racontez-moi ce qui se passe ici. » Et très souvent, ce qu'on entend d'abord, c'est la fierté. Qu'il s'agisse de fabriquer un bus, d'accomplir des missions de contrôle, de travailler dans un abattoir, les gens sont fiers de leur métier – ce qui ne veut pas dire qu'ils y sont toujours heureux. Mais il faut tenir compte de cette fierté et la respecter : c'est un socle. Je me souviens de l'avoir vue chez mon père, et de l'avoir ressentie, enfant. J'allais le chercher au bus du chantier, au bout de la rue. Mon premier rapport au travail, c'est sa main tannée et ses chaussettes trouées par les éclats de soudure. Il soudait de la tôle de bateau ; de temps en temps, il était un peu piqué çà et là sur la peau. On ne loupait pas une sortie de bateau : une partie de ce qu'avait fait notre père partait sur l'eau. Mon rapport au travail est hérité de cette fierté à laquelle personne ne doit avoir à renoncer. J'ai été élevé dans un monde modeste, par des parents très syndiqués et très engagés dans les associations, mais qui laissaient la politique à d'autres parce qu'à l'époque régnait l'idée que la politique, ce n'était pas pour les ouvriers puisqu'on ne les voyait jamais occuper des postes de responsabilité. Je savais que le travail n'était pas toujours facile, mais qu'il pouvait rendre heureux. Je savais aussi qu'on pouvait se battre pour améliorer les choses, et qu'il ne fallait pas laisser qui que ce soit décider à notre place. Le maître mot de mon engagement, c'est l'émancipation. Avoir prise, grandir individuellement et collectivement.

Le travail est abîmé : absence de reconnaissance des compétences et du désir de bien faire son boulot, salaires faibles, qui ne valorisent ni les capacités, ni l'expérience, manque d'autonomie, de bienveillance, de coopération, pénibilités, partages inéquitables des richesses créées, management trop souvent déshumanisé… la liste est longue de facteurs qui contribuent à créer un malaise persistant, le sentiment d'être invisible, inaudible, méprisé.

Dans le débat public, c'est un sujet extraordinairement maltraité. Et quand on maltraite le sujet central pour nombre de citoyens, on les maltraite, eux, comme on l'a vu ces derniers mois. La question aujourd'hui, c'est : faire reconnaître son travail, et pouvoir le faire bien. La réforme des retraites aurait dû être pensée à partir de ces aspirations car, comme l'a dit dans une manifestation un militant : « On ne veut pas travailler vieux, on veut travailler mieux. »

Il y a trente ans, à l'époque du chômage de masse, alors que les préoccupations de l'emploi écrasaient le sujet du travail, 60 % des Français déclaraient que le travail était « très important » dans leur vie. Ils n'étaient plus que 24 % à le penser en 2021[1]. On a beaucoup commenté ces chiffres – en oubliant qu'il faut les nuancer : pour 72 % des Français, le travail reste important[2]. Le rapport au travail a changé, bien sûr. Mais si les Français affirment qu'il est devenu moins important dans leur vie, c'est peut-être aussi parce qu'il leur procure moins ce plaisir, cette reconnaissance qu'ils sont en droit d'en attendre. Ce qui est parfois présenté comme un désamour ou une démission est surtout, à mes yeux, la conséquence d'une vision économique et politique où les travailleurs n'ont pas été considérés, où ils n'ont pas été écoutés.

1. « Je t'aime, moi non plus. Les ambivalences du nouveau rapport au travail », rapport de la Fondation Jean-Jaurès, 23 janvier 2023.

2. Baromètre de la confiance politique réalisé par OpinionWay pour le Centre de recherches politiques de Sciences Po, publié le 15 mars 2023.

Depuis longtemps, toute une partie de la France qui travaille se sent invisible. Une première crise a eu lieu avec les Gilets jaunes, des travailleurs qui n'étaient pas tous des salariés, mais parfois des petits patrons ayant le sentiment de ne pas exister dans le discours public et de ne pas pouvoir s'en sortir financièrement. La seconde, provoquée par la réforme des retraites, a embrasé la société tout entière, et les syndicats y ont joué un rôle majeur.

Aujourd'hui, l'invisibilité frappe l'axe central : le travail lui-même. De nombreux Français souffrent parce que leur travail s'exerce dans des conditions difficiles, qu'il est source de stress, qu'il n'offre pas l'épanouissement espéré, qu'il n'est pas reconnu.

La reconnaissance, le respect pour le travail fait ont reculé, et pas seulement du côté des hommes et des femmes politiques. Je suis toujours frappé par les gens qui râlent contre les livreurs le matin, mais qui sont bien contents de trouver leurs supermarchés remplis quand ils vont faire leurs courses le soir. Nous devons tous porter un regard différent sur le travail d'autrui. Ce n'est pas seulement l'affaire de la puissance publique : on associe systématiquement les agent de la SNCF à des « privilégiés » (en oubliant que les contrôleurs ne sont pas tous les soirs chez eux), les enseignants aux « vacances » (en oubliant leurs faibles rémunérations et leurs contraintes), les travailleurs de la métallurgie à de supposés « avantages »... Et parallèlement, on ignore la personne de la sécurité ou celle qui est à la caisse quand on va faire ses courses.

Pourquoi cet aveuglement, ce mépris sont-ils soudain devenus insupportables ? Parce qu'une longue séquence a traversé la vie de chacun : le Covid-19, qui nous a amenés à reconsidérer très profondément notre rapport au travail.

Les travailleurs que nous ignorons sont ceux qui, très récemment, prenaient des risques inouïs pour assurer le fonctionnement de la société, alors qu'on ne savait rien de cette nouvelle maladie et que, faut-il le rappeler, ils ne disposaient pas de masques pour se protéger. Ces travailleurs « essentiels » ont été applaudis chaque soir, avant d'être, dans leur grande majorité, renvoyés à leur invisibilité initiale. Jusqu'au confinement, de ce que vivaient quotidiennement les salariés du commerce, des déchets, de l'agroalimentaire, du nettoyage, de la santé, du social, personne ne voulait rien savoir. Aujourd'hui, personne ne devrait ignorer ni leurs conditions de travail, ni leurs revendications – et surtout pas le patronat ou le gouvernement. Parallèlement, une autre catégorie de travailleurs est entrée dans le nouveau monde du télétravail, un monde qui répond aux aspirations d'autonomie, qui permet de travailler chez soi, parfois loin des appartements exigus des métropoles, mais dont les règles du jeu en termes de charge et de temps de travail sont très mal définies.

Nous sommes aujourd'hui dans le « monde d'après », celui où nous devons regarder et comprendre ce qui a eu lieu, et commencer à en tirer les premières conclusions. Des attentes, des aspirations, des exigences nouvelles traversent et remodèlent le monde du travail.

Il y a la question de la revalorisation des salaires, bien sûr, celle de l'autonomie et de la coopération. Il y a aussi celle de la fracture entre métiers très qualifiés et assez peu qualifiés, qui s'est accentuée, creusant la césure entre cols blancs et cols bleus, redoublant des inégalités de salaires déjà considérables. Il est indispensable de revoir les grilles de salaires et de classification, de donner un horizon de progression des rémunérations, de partager la richesse pour qu'elle ne soit pas injustement répartie entre ceux qui s'usent au travail et ceux qui peuvent plus facilement s'y épanouir. Les logiques dans lesquelles nous sommes entrés imposent également de nouveaux repères, et un nouveau management. Il a fallu des années pour mettre en place une régulation, certes perfectible, des conditions physiques de travail. Une réflexion doit naître autour des nouvelles pratiques nées de la révolution numérique pour encadrer la charge de travail et l'articulation entre les temps professionnels et personnels, alors que nous sommes tous soumis à un flux continu de sollicitations.

Et puis il y a une autre demande. J'appartiens à une génération qui a connu le chômage de masse, donc la peur de ne pas avoir d'emploi. La génération suivante ne vit pas avec cette crainte, même si ce constat doit être nuancé selon le niveau de qualification. Elle en a d'autres : le réchauffement climatique, et la question écologique. Le rapport au travail en est également bouleversé. C'est une génération qui veut travailler autrement, qui veut contribuer à changer le monde.

Mon point de départ est simple : le travail a une place centrale dans la vie de chacun, mais cette place est différente, car nous n'avons pas tous les mêmes aspirations. Ma ligne directrice, ce n'est pas qu'un modèle unique soit imposé à tout le monde, c'est que chacun soit considéré là où il en est, et accompagné là où il a envie d'aller. La séquence Covid-19 m'a fait espérer que nous devenions capables de le faire – avant que nous ne revenions à notre incapacité initiale à repenser collectivement notre modèle de développement, aux vieilles recettes qui épuisent les hommes autant que la nature.

Il n'y a pas de solution miracle. Le travail est soumis à une tension permanente, parce qu'il met en jeu des aspirations et des intérêts différents, qui doivent néanmoins collaborer pour construire ensemble. Cette tension est très claire dans le lien de subordination du salariat. Ce n'est pas un monde idéal, mais c'est un monde perfectible, à partir du moment où on le pense à partir du réel : entre la force productrice vantée par les uns, et le lieu d'exploitation conspué par les autres, il y a les conditions de travail, les liens d'amitié, les espérances, les perspectives d'évolution… Cette réalité, on l'éprouve dans les relations les plus ordinaires, les plus quotidiennes : les conversations avec les voisins ou les amis, le premier salaire, l'autonomie, les histoires qui naissent au travail.

Je suis un double produit. Un produit de l'éducation populaire, grâce au militantisme qui m'a enseigné qu'on apprend les uns avec les autres, et qui a été ma meilleure école. On dit que les militants sont plus optimistes que les autres parce qu'ils pensent qu'ils ont prise, qu'ils peuvent changer les choses. Et je suis aussi le produit d'une famille ouvrière, qui m'a transmis de belles valeurs, où j'ai pu grandir dans de bonnes conditions.

Je ne suis pas naïf pour autant. J'ai été conseiller en insertion professionnelle, plus jeune, et j'ai alors vu ce qui se passait, quels problèmes les gens devaient affronter, ce que c'était, par exemple, d'espérer obtenir un travail, et de devoir en accepter un autre. Et, à vingt-six ans, j'ai connu le chômage. Je n'ai pas oublié ce que j'ai éprouvé : le sentiment de ne plus être attendu nulle part – le chômage provoque une profonde remise en question – et la difficulté à s'y remettre, quand on doit reprendre une vie de salarié. Au début, c'est très difficile. Cette expérience m'en a appris beaucoup sur le besoin d'accompagnement. Depuis que je suis syndicaliste, je le vois bien : les sentiments d'injustice et d'isolement créent de l'amertume, mais les travailleurs sont bien plus optimistes, débrouillards, battants que l'on veut bien le dire. Et ils le sont encore plus chaque fois qu'ils peuvent s'entraider.

Notre devoir de syndicalistes est d'apporter des réponses, de montrer que la responsabilité est souvent collective – liée à une organisation du travail, un partage des richesses que nous devons collectivement infléchir pour vivre mieux –, de trouver les leviers pour soutenir chacun et, chaque fois que possible, de frayer un passage vers des améliorations concrètes. En commençant bien sûr par la feuille de paie, mais sans oublier les offenses et les discriminations, les conditions de travail, l'envie de bien faire et d'améliorer le monde à son échelle.

Il suffirait de peu pour que le travail redevienne ce qu'il devrait être : un vecteur d'émancipation, de transformation, un levier agissant sur la société tout entière. Car, si le travail est bien une donnée économique – qui crée de la richesse –, une donnée sociale – la façon dont on traite les travailleurs dit quelque chose de l'état d'une société –, il représente aussi un enjeu démocratique fondamental. Quand on est respecté et considéré dans son travail, on a moins de risque de dérailler, et on est moins perméable aux idées qui menacent la démocratie. À l'inverse, le chômage, la précarité, le mépris, les bas salaires créent du ressentiment – une tendance sur laquelle l'extrême droite prospère allègrement, même si cette mouvance demeure incapable de formuler une réflexion sur le travail, ne sachant choisir, au sein de ses soutiens, entre la strate des petits entrepreneurs parfois paupérisés et souvent partisans de régressions sociales, et la masse des salariés dont les conditions de travail et de vie sont dures et qui se sentent méprisés. Plutôt que de penser la place du travail, l'extrême droite préfère donc vilipender les élites et désigner les étrangers à la vindicte. Et malheureusement, le reste de l'échiquier politique ne brille pas non plus par la profondeur de sa réflexion ou ses propositions sur le sujet.

Il y a pourtant des façons d'agir pour offrir non pas des solutions miracles, mais des marges de manœuvre, des espaces de discussion, de négociation, de progrès. Ces mesures sont nécessaires pour faire face aux enjeux qui sont devant nous : la lutte contre les inégalités, la transition écologique, qui va bouleverser le travail de façon inouïe, la compétitivité, qui n'est pas un tabou et passe par une logique de qualité, et la démocratie, sérieusement mise à mal. Sur ce point crucial, l'invisibilisation du travail joue un rôle déterminant : un gouvernement qui s'obstine à ignorer ou à nier la vie réelle des travailleurs ne peut pas comprendre l'opposition que suscite une réforme dont le travail est le cœur.

Le débat sur les retraites aurait dû replacer le travail au centre de la réflexion politique. Ce ne fut pas le cas. C'est pourtant à la seule condition de reconsidérer toutes ses dimensions que nous pourrons construire un autre rapport, et espérer une société à la fois plus juste, plus écologique, et plus démocratique.

INTRODUCTION

Je ne suis ni sociologue, ni économiste, ni futurologue : je livre ici mon expérience et mon analyse de syndicaliste – celles des onze dernières années, et celles des derniers mois, brûlants, au cours desquels ce texte a pris forme. Ce qui m'importe, c'est de comprendre par quels mécanismes nous en sommes arrivés à une telle situation de mépris d'un côté et de colère de l'autre – mais aussi de proposer des pistes pour en sortir le moins abîmés possible.

1.

Quand l'arbre des idéologies cache la forêt du travail

Il y a aujourd'hui une interrogation générale, qui concerne tous les secteurs, sur la place du travail dans la vie et sur la façon dont on y est considéré. Et une question centrale de reconnaissance. Reconnaître le travail, cela recouvre bien des domaines : le salaire, les moyens matériels de bien faire, le respect, le sens, l'évolution, etc. Mais, politiquement, il est indispensable de considérer le travail dans sa dimension sociale, parce que le travail ne relève pas seulement d'une logique économique. On entend aujourd'hui parler du travail d'une façon complètement déconnectée, avec un président de la République qui explique qu'il rencontre la France qui se lève tôt et qui travaille parce qu'il va à Rungis, comme si les aides-soignants, les éboueurs, les enseignants ou les chômeurs qui manifestent au même moment contre la réforme des retraites, et notamment le report de l'âge légal, demandaient un « droit à la paresse ».

Le travail est resté une réalité sociale largement ignorée dans le discours politique. Tous les jours pourtant, des millions de gens se lèvent pour se rendre à un endroit où ils vont « fatiguer », d'une certaine manière, leur corps ou leur esprit pour créer : créer ou faire vivre un service, un produit, créer de l'intelligence individuelle et collective, transmettre, soigner, aider, réaliser. Quand on évoque le travail, c'est donc de cela qu'il faut avant tout parler. Du *Quai de Ouistreham* de Florence Aubenas, à *Connemara* de Nicolas Mathieu, en passant par *À la ligne* de Joseph Ponthus, *La Question humaine* de Nicolas Klotz ou *Les Femmes du lien* de Vincent Jarousseau, d'innombrables œuvres de journalistes, d'écrivains, d'artistes, de cinéastes, de documentaristes n'ont cessé de tenter de saisir cette réalité et de la faire partager. Mais si les œuvres ont irrigué les esprits, certaines rencontrant un immense succès, elles ne semblent pas avoir atteint le monde politique. La pandémie a brutalement offert un écho immense à des questionnements qui circulaient à bas bruit dans la société tout entière. La pause obligatoire de cette période a amené à réinterroger le quotidien et à remettre en cause des fonctionnements, des constructions qui paraissaient jusqu'alors inébranlables. Cela ne signifie pas que les gens ne voulaient plus travailler ; pendant le confinement, beaucoup ont énormément travaillé, tout en étant très heureux, une fois les mesures allégées, de retourner physiquement au travail, de sortir de chez eux. Le travail, c'est un monde en soi, ce sont des liens avec des collègues, des clients ou des usagers, des fournisseurs, un monde où on échange de l'intelligence, et donc des compétences, tout en accomplissant sa tâche. Mais il y a eu un désir de travailler autrement – car le travail, ce sont aussi des contraintes spécifiques. Il n'est pas question d'affirmer que tout se ressemble ou que tous les métiers sont pénibles – même si tous créent une forme d'usure. Il s'agit de considérer le travail réel et les travailleurs. Et chez tous, on entend désormais la même aspiration à la reconnaissance, à l'autonomie, au respect, la même volonté de pouvoir s'exprimer sur son travail, d'être écouté.

Face à cela, il y a un discours politique de moralisation, comme si les gens ne voulaient pas travailler, ne respectaient pas le travail. On l'entend de la part du gouvernement à propos des grèves, comme si la grève entravait le travail de ceux qui triment vraiment, et comme si les grévistes n'étaient pas d'abord des travailleurs qui veulent se faire entendre.

Nous n'avons pas besoin de héros stakhanovistes ou de glorification. Nous avons besoin de reconnaître le travail de chacun là où il est, et de le valoriser. Précisément parce que je suis le produit de la fierté ouvrière, je sais qu'on peut prendre du plaisir à faire son travail, à condition d'avoir les moyens de le faire correctement, et à condition que l'on puisse l'amener à évoluer en partant du travail réel, plutôt que du travail prescrit.

Un impensé politique

Sur le plan politique, le travail est à la fois ce qui est le moins pensé, et ce qui est le plus exploité. Pour caricaturer, on pourrait dire qu'on a d'un côté la version « de toute façon, il faut en baver, c'est comme ça, la vie, c'est travailler et participer à la charge productive », et de l'autre « le travail, c'est horrible, c'est la misère ». Le travail est donc décrit soit comme une contribution imposée et nécessaire à une charge collective, soit comme un fardeau. Dans les deux cas, on ne parle pas des femmes et des hommes qui l'exercent.

Pendant des années, le travail a été un impensé politique, pour deux raisons majeures. D'une part, l'emploi nous préoccupait énormément. Quand je me suis engagé syndicalement, le problème de l'accès à l'emploi était massif, la question du travail passait donc au second plan. Nous nous battions contre des plans sociaux, nous cherchions à aider les gens à retrouver un emploi ou à garder le leur. D'autre part, les conditions de travail ne semblaient pas prioritaires : dans les entreprises, ce qui comptait c'était avant tout l'économie, dont dépendait l'emploi. C'est ainsi que le discours sur le travail s'est perdu entre la « valeur travail », c'est-à-dire la production de la richesse (mais aussi une forme de mythe culpabilisateur pour ceux qui ne travailleraient pas), et une vision misérabiliste d'exploitation systématique.

Il faut rappeler aujourd'hui que le travail, ce n'est pas l'emploi.

L'emploi, c'est un statut qui permet d'exercer une tâche, en contrepartie de laquelle on obtient un salaire qui permet de vivre dignement. Le travail, c'est cette tâche, ce qu'on accomplit tous les jours, qu'on produise un bien ou un service, des idées ou du matériel.

La confusion entre travail et emploi a eu des conséquences dont nous mesurons aujourd'hui la portée : les problèmes spécifiques à la question du travail ont été occultés. Si cette question émerge à nouveau, c'est parce que la situation de l'emploi s'est améliorée, mais aussi parce que nous vivons un moment où, individuellement, chacun commence à comprendre ce qu'on comprenait déjà collectivement : le travail n'est pas seulement une donnée économique, c'est une donnée sociale. Un slogan de la CFDT affirmait : « Si tu changes le travail, tu commences à changer la société. » J'en reste persuadé. Car le rapport au travail dit évidemment des choses sur le contenu et les conditions d'exercice d'une tâche, mais aussi sur ce à quoi on aspire dans sa vie : il suffit de le mettre à sa juste place pour comprendre qu'il joue un rôle central et révèle beaucoup de notre société, de ses priorités, de ses valeurs.

On aurait pu imaginer que la gauche se serait emparée de cette question, mais la gauche française n'a jamais été travailliste. C'est une gauche qui a souvent vu le travail comme un élément d'exploitation, avec une vision assez misérabiliste. Sans doute parce que cette gauche n'a pas réuni en son sein assez de travailleurs ; elle a donc erré entre les théories « valeur travail » et « aliénation ». Très peu de gens se sont réellement penchés sur la question du travail réel et de la reconnaissance. En exerçant le pouvoir dans de grands centres métropolitains où les électeurs les plus actifs sont avant tout des diplômés, la gauche a sans doute perdu une partie de sa capacité à parler du vécu de nombreux travailleurs, et même à les rejoindre. Cette absence, et de personnes, et de pensée, a des conséquences. Les discours misérabilistes dénonçant l'exploitation conduisent à nier la réalité du travail tout autant que ceux reposant sur une vision strictement économique. Ils manquent ainsi leur cible – les conditions d'exercice du travail –, tout en niant l'importance essentielle du travail, sa valeur et son sens, dans la vie de chacun.

Les politiques de la gauche et de la droite sociale devraient, je crois, réfléchir à cette question sans œillères idéologiques. Je suis un jour allé dans une entreprise en croyant pouvoir saisir très rapidement les revendications des salariés. Dès que je suis arrivé, j'ai demandé : « Alors, quels sont vos problèmes, ici ? » Les gens m'ont rétorqué : « Pourquoi vous voulez qu'on ait des problèmes ? » Cet épisode m'a servi de leçon. Voir le travail avant tout comme un problème, c'est en proposer une lecture biaisée. Mieux vaut l'aborder comme un outil d'émancipation, un outil de reconnaissance, qui bien sûr peut être amélioré, avec de meilleures conditions ou de meilleurs salaires.

J'ai souvent dit qu'un syndicaliste devait pouvoir prospérer sur autre chose que sur la misère. Le problème des politiques, c'est qu'ils préfèrent trop souvent le dogme au réel. Il nous est arrivé, avec Philippe Martinez, alors secrétaire général de la CGT[1], de nous dire : « On pourrait rester dans nos bureaux et distribuer les bons points. On expliquerait ce qui est bien et ce qui ne l'est pas, on ferait comme dans les livres ! » Mais quel est le matériau d'un syndicaliste ? C'est le travail réel, ce que vivent les travailleurs. Et le matériau des femmes ou des hommes politiques, c'est ce que vivent les citoyens. On pense à l'envers si on part du dogme : ce n'est pas aux travailleurs, ou aux citoyens, d'illustrer ou de justifier une théorie. C'est à partir des travailleurs ou des citoyens qu'on doit construire une pensée, formuler des revendications, imaginer des propositions. Et c'est totalement différent. Un bon syndicaliste, ce n'est pas celui qui dit : « Voilà ce que pense la CFDT », c'est celui qui fait le tour des ateliers et des bureaux, qui cherche à comprendre l'ambiance générale et invente à partir de l'expérience individuelle et collective les

1. Le 31 mars 2023, Sophie Binet a succédé à Philippe Martinez, qui occupait son poste depuis le 3 février 2015.

revendications nécessaires pour que la situation s'améliore.

Ce qui est vrai pour le syndicalisme, je crois que c'est vrai aussi pour les politiques. Les politiques ont perdu ce contact, au-delà même de la question du travail : à la porte des entreprises, trop souvent ces derniers temps, les seuls à distribuer les tracts, ce sont les militants du Rassemblement national. Je conseille vivement aux politiques d'aller à nouveau à la rencontre des travailleurs, comme nous l'avons fait. Et en attendant, de nous écouter un peu, pour comprendre ce qu'est la réalité du travail.

Une (re)conquête syndicale

Les syndicats se sont emparés de la question du travail dès leur création. Puis, mobilisés par le chômage de masse, les grands plans sociaux, eux aussi l'ont négligée, y compris la CFDT. La question continuait cependant d'être traitée à l'intérieur de l'entreprise (même si le travail n'était pas considéré comme un sujet aussi noble que la stratégie économique de l'entreprise, parce qu'on avait peur de perdre son emploi). Seul François Chérèque, secrétaire général de la CFDT de 2002 à 2012, avait alerté sur le sujet, au prix d'ailleurs d'un malentendu :

après la réforme de 2003, réforme compliquée pour notre syndicat, mais où nous avions quand même réussi à imposer les carrières longues et initié le début du débat sur la pénibilité, il avait parlé de « se remettre au travail ». Certains, dans nos rangs, s'en étaient agacés : au travail, ils y étaient ! Mais ce qu'il voulait dire, c'est qu'il fallait se replonger dans le sujet du travail, le remettre au centre de notre réflexion. Nous avons mis un peu de temps à le faire, mais nous nous y sommes remis petit à petit, y compris dans nos textes d'orientation. Avec comme point d'orgue cette grande enquête qu'on a réalisée en s'adressant à tous (salariés, indépendants, adhérents de la CFDT ou non) en 2016, « Parlons travail », où plus de 200 000 personnes ont répondu à plus de 150 questions.

Ce document a révélé des constantes. 40 % des répondants estimaient que leur travail avait un impact sur leur corps ou sur leur santé physique ; moins les salariés étaient autonomes ou soutenus sur leur lieu de travail, plus cet impact était important. La contrainte use. Derrière cette analyse, il faut lire une aspiration à la coopération dans l'entreprise, et la remise en cause d'un management vertical et brutal. La relation avec les chefs est importante, tout comme la relation avec les collègues : 68 % des répondants disaient pouvoir compter sur leurs collègues, 33 % sur leurs chefs[1]. Cette solidarité, qui est au fondement du syndicalisme, est toujours présente.

Cette enquête a également montré une grande volonté de peser sur la stratégie de l'entreprise. Les gens veulent avoir leur mot à dire, ils réfléchissent, ils souhaitent avoir prise sur leur tâche. Ils savent qu'ils sont les experts de leur propre travail et demandent à être consultés pour les décisions qui les concernent. On ne veut pas se voir imposer des conditions de travail ou des procédures. Il y a une aspiration à la démocratisation du travail beaucoup plus forte, qu'on n'aurait pas entendue il y a vingt ou trente ans, et qui est aussi une réaction à ce que vivent les salariés. On est en effet allé très loin dans le travail prescrit, on a parcellisé de nouvelles tâches et stéréotypé les échanges. On a également développé les moyens de contrôle, avec le numérique, sans que soient toujours discutées les modalités de management algorithmique. Parallèlement, le besoin d'autonomie, de libre arbitre, de choix, de critique, s'est accru. Ces nouveaux paramètres conduisent certains à préférer travailler en indépendants ou en autoentrepreneurs. Nous vivons dans

1. Rapport de l'enquête sur le travail de la CFDT, « Parlons travail », publié le 16 mars 2017.

un monde qui s'est individualisé, ce qui est pour les syndicats un vrai défi, et pour la société une menace en termes de solidarité.

Cette même enquête a également révélé qu'une part importante des travailleurs ne se voient pas exercer leur métier dans les mêmes conditions jusqu'à l'âge de la retraite. Le dernier rapport de la Direction de l'animation de la recherche, des études et des statistiques (Dares), qui dépend du ministère du Travail, a tout récemment confirmé cette tendance : en 2019, 37 % des Français considéraient que leur travail n'était pas « soutenable » jusqu'à la retraite[1]. Les raisons sont multiples : il y a une grande immobilité sociale, provoquée par le chômage de masse et, bien sûr – en grande majorité –, des questions de pénibilité, de corps et d'esprits abîmés. Mais parallèlement à la souffrance exprimée, il y a également une aspiration à changer de métier, de lieu, à évoluer. Le rapport à la mobilité n'est plus du tout le même : la génération de mes parents considérait qu'à partir du moment où le salaire et les conditions de travail étaient corrects, que le travail avait un sens, il n'y avait aucune raison de quitter l'entreprise dans laquelle on était entré. La

1. « Quels facteurs influencent la capacité des salariés à faire le même travail jusqu'à la retraite ? », Dares, 9 mars 2023.

génération de mes enfants a d'autres désirs, et sait que les métiers sont destinés à évoluer. On dit souvent que 60 % ou 70 % des métiers qui seront exercés dans vingt ans ne sont pas connus aujourd'hui. Je rencontre parfois des jeunes qui font des métiers dont j'ignore tout, parce que le monde a changé. Il faut en tenir compte : les jeunes, aujourd'hui, n'ont plus le même rapport au travail, de même que nous n'avions pas non plus le même rapport que nos parents. Les questions que nous devons nous poser restent les mêmes : quelles sont les conditions d'épanouissement ? Comment donner aux travailleurs les moyens d'accomplir un travail de qualité ? Ces interrogations engagent des réflexions sur la négociation, le management, les conditions de travail, l'articulation entre temps personnel et professionnel... Au centre de ces réflexions doit régner l'idée de redonner des marges de manœuvre non seulement aux individus, mais aussi au collectif. Ce qui signifie du dialogue professionnel – des moments, des espaces où l'on peut discuter de son travail et faire évoluer les choses – et du dialogue social. Dans un cas comme dans l'autre, les syndicats ont un rôle capital à jouer. Les gens continuent de s'investir dans le collectif et s'engagent au sein des entreprises. Depuis le début de l'année 2023, près de 32 000 personnes ont adhéré à la CFDT.

Malgré les obstacles, et en dépit de leur colère, les travailleurs ne sont pas désespérés. Ils veulent peser. Et je crois que c'est encore possible.

Des politiques low cost très coûteuses

L'impensé politique a laissé prospérer une logique purement comptable, réduisant le travail à un coût. Bien sûr, il y a toujours eu une pression pour que le travail coûte le moins cher possible, en jouant sur les salaires, sur la durée du travail, ainsi que sur les cotisations sociales. Mais la mondialisation a modifié la situation, avec d'impitoyables exigences de compétitivité économique. Quand l'Europe et les États-Unis étaient les seuls leaders, ils fixaient les règles. Aujourd'hui, nous sommes pris dans un double mouvement : la compétitivité s'est accrue – et s'il est nécessaire de réguler la mondialisation, c'est assez difficile –, et un discours a triomphé, selon lequel « si on veut s'en sortir », il faut réduire le coût du travail.

Cette logique low cost, qui s'est intensifiée dans les années 2000, a eu des effets désastreux. D'une part, parce que réduire le coût du travail, cela signifie aussi alléger le poids des cotisations ou de la fiscalité, ce qui implique une contribution plus faible au bien commun, c'est-à-dire au financement de la santé, de l'éducation, de la recherche, piliers de notre société qui profitent également aux entreprises. La défiscalisation des heures supplémentaires, mise en œuvre en 2007 sous la présidence de Nicolas Sarkozy, en est une bonne illustration. Cette mesure pouvait avoir du sens pour les salariés modestes, bien sûr, mais aujourd'hui, l'entreprise qui emploie un salarié au Smic ne paie quasiment plus de cotisations, donc ne participe plus à la constitution des droits à la retraite ou à l'assurance-chômage. D'autre part, en allégeant les cotisations sur les bas salaires, on a créé un effet de « trappe à bas salaires », avec de plus en plus de carrières entières plafonnées autour du salaire minimum, malgré l'expérience et la qualification acquises, qui sont de fait niées. Cette logique interdit de prendre sérieusement en compte les compétences et les contributions, décourageant parallèlement la volonté de formation ou l'implication dans l'entreprise.

Enfin, ces aides publiques ont été accordées aux entreprises sans aucune contrepartie. Je ne conteste pas l'apport qu'elles représentent. Mais elles devraient s'inscrire dans un cadre, notamment écologique, afin de préparer l'avenir, le travail de demain, dans le monde le plus décarboné possible.

Pourquoi ne pas conditionner ces aides à la transition écologique, à la qualité du travail, au respect des travailleurs, à la juste répartition de la richesse créée ? Pourquoi oublier dans le travail précisément ce qui fait sa valeur, ce qui lui donne son sens ?

Abandonnée à la seule loi du marché, cette logique de coût du travail a eu des conséquences très concrètes : trappes à bas salaires, donc, logiques de modération salariale à outrance, indemnités prudhommales plafonnées même en cas de faute grave de l'employeur…

Dans le secteur public, cette même politique de réduction des coûts a ébranlé les fondements mêmes de notre solidarité. En effet, si, dans le secteur privé, on répartit la richesse créée, dans le public on dépense ce qui a été mis en commun pour le bien de tous. Et quand le public se dégrade, quand le service rendu n'est plus à la hauteur, nous sommes tous atteints. Ces politiques ont commencé avec la RGPP[1], sous la présidence de Nicolas Sarkozy, et ont continué sous François Hollande avec la MAP[2],

1. Révision générale des politiques publiques, initiée en 2007 pour réduire les dépenses publiques.

2. Modernisation de l'action publique, initiée sous la présidence de François Hollande, avec le même objectif, malgré le souci revendiqué d'améliorer les services publics.

qui n'a guère fait mieux. Il s'agissait de répondre à l'endettement public, dont la masse salariale représente une part importante. Mais pourquoi ne pas avoir pensé le secteur public dans sa singularité, sa fonction, en valorisant ce travail et ces travailleurs, qui sont une précieuse richesse pour nous tous ? Au lieu de quoi, nous avons vu les salariés du public se paupériser, leurs conditions de travail se dégrader, le service s'altérer, et le sentiment d'un destin commun se fragiliser. Dans le domaine de la santé notamment, ou pour certains celui de l'enseignement, il faut trouver dans le secteur privé l'aide que la société n'offre plus. Cette recette réduit les coûts à court terme, mais hypothèque l'avenir : est-elle si rationnelle ?

Le pire, c'est que les travailleurs ont eux aussi intériorisé cette idée que le travail était un coût. À la CFDT, nous avons publié un livre en 2018, *L'Autre Trésor public*, pour rappeler que les agents de la fonction publique sont avant tout une richesse et que l'injonction continue à réduire le nombre de fonctionnaires, qui nous coûteraient trop cher en impôts, ne peut pas être la réponse aux attentes d'une société soucieuse de solidarité et de collectif.

Le travail, il faut le rappeler constamment, est un apport, une richesse. Un coût, on s'efforce de le réduire, alors qu'on cultive la richesse. La logique de réduction des coûts atteint d'ailleurs rapidement ses limites. Un bon acheteur sait bien que le principal n'est pas d'avoir le prix le plus bas mais la prestation qui crée le plus de valeur. Cela suppose de la qualité, donc une relation dans la durée avec les sous-traitants. Ces logiques concernent chacun, elles ont un impact quotidien : il y a longtemps, par exemple, que la CFDT alerte sur le problème des sous-traitants dans les centrales nucléaires, qui ont fini par générer des problèmes de construction. Quand on traite mal les travailleurs, on ne peut pas attendre d'eux une fidélité à toute épreuve, ils se détournent de leur tâche, ils entrent eux-mêmes dans une logique de coût où la qualité est sacrifiée.

L'économie et le social, deux faces d'une même médaille

En dévalorisant et le travail, et les travailleurs, les politiques low cost ont laissé prospérer l'idée que l'encadrement et le droit du travail seraient trop lourds, qu'il serait nécessaire de libérer les entreprises de certaines contraintes. C'est oublier que le droit du travail est pensé pour protéger un subordonné, à qui on peut demander de réaliser des travaux dangereux ou pénibles, que l'on peut soumettre à des ordres inacceptables. Alléger le droit, c'est accréditer l'idée que puisque les employeurs prennent le risque économique lié à la production, il faut les protéger des tracasseries administratives et des risques judiciaires quand ils ne respectent pas la loi – même lorsque la loi prévoit simplement l'obligation minimale de traiter humainement les salariés, par exemple en les recevant pour expliquer les raisons d'un licenciement, ou en permettant à leurs représentants de construire leur propre opinion sur une évolution majeure. Or certains patrons rêvent, par exemple, de limiter la possibilité d'annuler des licenciements pour vice de forme, ce qui autoriserait notamment des licenciements par SMS, ou rendrait certains plans sociaux beaucoup plus difficiles à contester.

Ces demandes d'allègements du droit ou de la fiscalité s'appuient sur le grand présupposé du patronat, selon lequel il faudrait produire avant de redistribuer. C'est une vision extraordinairement simpliste. En réalité, performance économique et performance sociale sont parfaitement compatibles. Quelle entreprise en France peut produire sans main-d'œuvre formée et en bonne santé, ou sans infrastructures ? Nous avons besoin de services publics – et, en conséquence, de financement public pour ces services.

Nous devons défendre nos modèles sociaux, en termes de production, mais aussi en termes de protection sociale. Notre protection sociale est un bon modèle. Elle incarne, comme les services publics, nos valeurs de solidarité. C'est une richesse, et c'est aussi un élément de compétitivité.

En termes de coûts de production, soyons clairs : nous n'allons pas rivaliser avec la Chine ou le Bangladesh. Dans cette compétition, nous avons déjà perdu. En revanche, nous pouvons nous battre pour imposer une logique de qualité. Cela concerne ce qu'on produit, mais aussi la façon dont on le produit : redonner de la qualité de vie au travail, offrir de bonnes conditions de travail, c'est fondamental. Des travaux d'experts et d'universitaires montrent du reste que les entreprises où la qualité de vie au travail est la meilleure sont les plus compétitives[1].

Parallèlement, il faut cesser d'être naïf dans les échanges économiques internationaux : les clauses sociales et environnementales sont fondamentales. D'ailleurs, on n'arrivera à rien, en termes de transition écologique, si l'on n'impose pas des clauses

1. Émilie Bourdu, Marie-Madeleine Péretié et Martin Richer, *La Qualité de vie au travail : un levier de compétitivité. Refonder les organisations du travail*, préface de Jean-Dominique Senard, Paris, Presses des Mines, 2016.

environnementales aux produits importés. Ces exigences reposent la question d'une politique industrielle européenne, d'une politique commerciale européenne plus affirmée en termes d'exigences sociales et environnementales. C'est ainsi que l'on construira le monde de demain. On ne peut pas, d'un côté, défendre le modèle de protection sociale français et les contraintes qu'il suppose, et, de l'autre, accepter ce qui est produit ailleurs dans des conditions sociales inadmissibles. À la CFDT, nous nous sommes battus jusqu'au dernier jour de la présidence Hollande pour que le devoir de vigilance sur les multinationales soit imposé, pour qu'elles soient considérées comme légalement responsables de la façon dont sont traités les travailleurs de leurs fournisseurs, et des conséquences de leurs activités sur l'environnement. Nous avons également obtenu que ce devoir de vigilance soit adopté au niveau européen via une directive. On ne pourra améliorer la situation du travail sans régulation économique – aux niveaux international, européen ou national. Parce que cette logique de pressurisation, née d'une vision purement budgétaire, est extrêmement puissante – et c'est sur le travailleur qu'elle finit par se resserrer.

2.

Dans le quotidien de la France qui travaille

En mars 2020, la France s'est mise à l'arrêt. Pour nous tous, cette période a été l'occasion de réfléchir, de porter sur notre vie quotidienne un regard différent, mais aussi, dans un second temps, de faire valoir nos aspirations à l'aune des conditions réelles du travail de chacun. Les besoins de la continuité de notre vie sociale ont fait apparaître une autre hiérarchie des métiers, portant la lumière sur ces travailleurs essentiels jusqu'alors invisibles. Il y avait donc là comme une occasion de faire le point sur l'organisation et les conditions de travail, les salaires, les rythmes, les pénibilités, afin de penser, puis de construire, ce fameux « monde d'après ». Après le Covid-19, 58 % des Français indiquaient que leur rapport au travail avait changé[1]. Et lorsque ce travail a repris comme si de rien n'était – sans que soient tenues les ardentes promesses de reconnaissance – le sentiment de mépris s'est aggravé chez nombre de travailleurs, invisibles pour certains, mais essentiels pour tous. Je ne comprends pas autrement les cortèges dans les villes petites et moyennes qui ont émaillé le mouvement contre la réforme des retraites.

Le Covid-19, un étrange « lanceur d'alerte »

Je n'oublie pas les morts, en France et dans le monde entier. Je n'oublie pas non plus que pour quelques mois, on a cessé de donner un prix à la vie humaine, que la pandémie a ouvert un espace de possibles et d'interrogations qui, pour nombre de Français, ne s'est pas refermé.

Chacun, durant cette période, a notamment été confronté à la question de l'articulation entre le temps personnel et le temps professionnel. Beaucoup ont constaté que leur temps personnel, même s'ils lui accordaient beaucoup d'importance,

1. « Plus rien ne sera jamais comme avant dans sa vie au travail », Fondation Jean-Jaurès, 1er juillet 2022.

était très grignoté par le temps professionnel. Des chambres se sont transformées en bureaux, le travail a été omniprésent, envahissant des espaces jusqu'alors protégés. Le télétravail s'est imposé, et durablement, pour ceux – une minorité de travailleurs, mais une majorité de cadres[1] – dont le métier le permet. Il y a pour ces salariés un avant et un après. Avant, c'était cinq jours par semaine sur site, c'est désormais quatre, trois, deux, voire un parfois.

Parallèlement, chacun a pu reconnaître l'importance phénoménale de métiers jusqu'alors totalement dévalorisés, grâce auxquels les autres ont pu continuer d'être soignés et de se nourrir dans des villes restées propres. Pendant le confinement, on a considéré que certains travailleurs étaient en « première ligne » : ceux du soin, du social, ceux qui s'occupaient des autres, et d'autres, en « deuxième ligne », comme les travailleurs ayant collecté les déchets, par exemple – imaginons un instant l'état des cours des immeubles s'ils n'avaient pas été là –, comme ceux qui ont continué à produire de la nourriture, ceux qui ont assuré les transports, ceux qui ont continué à faire

1. Selon le rapport de la Fondation Jean-Jaurès, « Je t'aime, moi non plus », *op. cit.*, 34 % des salariés télétravaillent, cette proportion s'élevant à 71 % chez les cadres.

tourner certaines usines, ou assuré la logistique. Rappelons qu'au tout début de la pandémie, alors qu'on ne savait pas exactement ce qu'était cette maladie, qu'on allait jusqu'à désinfecter ses courses ou ses chaussures, ces salariés risquaient leur santé, voire leur vie, pour faire tourner la machine. Ils ont formé une véritable chaîne pour que personne ne se sente abandonné.

La CFDT est une organisation qui représente nombre de travailleurs de la deuxième ligne : des salariés de l'agroalimentaire, du service, du commerce, de la restauration, qui sont alors sortis de l'invisibilité. Les mois, les années de Covid-19 les ont changés, ou plutôt peut-être, ont joué pour eux aussi un rôle de révélateur. Ce que j'ai entendu alors, c'est une demande de considération très importante, comme s'ils disaient : « Maintenant, nous vous demandons de ne plus faire sans nous. » L'année dernière, le 3 février, puis le 8 mars 2022, Journée internationale des femmes, nous avons organisé une manifestation de ces travailleurs de deuxième ligne – qui réunissent beaucoup de travailleuses. La dignité dans la revendication était vraiment très forte : « On veut être reconnus, on veut être bien payés, on veut avoir des horaires de travail vivables. » Les horaires des travailleurs du nettoyage ou de la sécurité sont difficiles, c'est tôt le matin ou tard le soir. Nous avons manifesté devant le Panthéon, place des « grands hommes » – et il y avait là beaucoup de grandes femmes ! Ce qu'on entendait, c'est : « On n'est plus invisibles, on n'est plus des moins-que-rien. » À ce moment-là se sont exprimés une attente, un espoir : ces salariés avaient été applaudis durant des semaines, peut-être allaient-ils enfin être regardés autrement ?

Cet espoir s'est éteint, rien n'a changé ou si peu. Comment s'étonner de la colère qui s'est emparée de ces salariés quand, quelque temps plus tard, on leur a déclaré, comme en guise de remerciement, qu'ils devraient tout simplement travailler deux ans de plus ? Le Covid-19 les avait fait passer d'un sentiment d'invisibilité à une espérance légitime – notamment d'une revalorisation salariale et d'une amélioration des conditions de travail –, qui s'est achevée par l'injonction de travailler plus longtemps, sans aucune considération pour leurs conditions de travail réelles, leur usure possible au travail, leur espérance de vie à la retraite.

Cet espoir, je l'ai partagé moi aussi, de ma place de syndicaliste. Au moment du confinement total, une immense intelligence collective s'est déployée. Et – encore une fois, je n'oublie pas les morts – sur certains plans, nous avons vécu un moment hors du temps, où l'intérêt général primait sur les postures.

Pour ceux qui croient à un monde meilleur, cette période a paradoxalement ouvert une parenthèse heureuse : tous les jours, nous échangions avec la ministre du Travail, les organisations syndicales et les organisations patronales, pour signaler les éventuels problèmes. Je me souviens de ma première intervention, pour alerter sur les cas des salariés des particuliers employeurs qui risquaient de se retrouver dans une situation très difficile, car ils n'avaient pas droit au chômage partiel. On a créé le droit au chômage partiel pour eux. À l'hôpital, nombreux ont été les témoignages, des aides-soignants aux médecins, pour évoquer un travail qui reprenait son sens, avec de l'autonomie, de la concertation, une extraordinaire solidarité, malgré un climat hautement anxiogène. Nous avons vécu une situation inouïe, relevant d'un roman de science-fiction : sur la planète, 2 à 3 milliards de personnes se sont mises à l'arrêt. Et pourquoi ? Pour se protéger, soi, et pour protéger les autres, dans une logique de respect des règles afin de sauvegarder des vies.

Les jours, les semaines passaient. Nous avons commencé à imaginer le monde d'après. Nous avions appris une chose : durant cette séquence, nous avions réussi à faire autrement. Nous pouvions donc faire autrement. Je pense par exemple aux personnes sans domicile fixe. On aurait pu imaginer qu'elles représenteraient un problème incroyablement difficile, mais les associations et les autorités les ont mises à l'abri. Ce qui était impensable a eu lieu. Nous avons su être solidaires. Avec Christophe Robert, de la Fondation Abbé Pierre, nous nous sommes dit : si on arrive à se préoccuper de celui qui est vu comme le dernier des derniers dans l'échelle sociale, on peut peut-être créer une société un peu plus inclusive...

Nous nous savons désormais capables de faire des choix collectifs contraignants quand c'est nécessaire. Je n'ai jamais aimé l'idée du Grand Soir, car je crains qu'il ne se transforme en matins un peu tristes, mais j'avoue que j'ai espéré un changement. Et puis on est reparti dans le *business as usual*, comme avant. Conditions de travail, transition écologique, démocratie, autant de champs ouverts par la pandémie, dont il fallait s'emparer. Ni le monde politique, ni le monde économique n'ont su prendre ce tournant, sans doute parce que la logique de concurrence est bien plus compatible avec le discours selon lequel il faut « de la sueur et des larmes » qu'avec l'empathie et le respect des fragilités des uns et des autres. Après le Covid-19, nous aurions dû commencer à construire cette société du *care*, une société qui se préoccupe des personnes les plus fragiles et de l'accompagnement. C'était exactement ce que nous avions fait pendant le confinement, finalement : nous avions accompagné les parcours professionnels, les enjeux professionnels, les enjeux sociaux, les enjeux de santé. En espérant initier un nouveau fonctionnement, c'est-à-dire changer le quotidien, à terme, de tous.

Des conditions de travail qui abîment les travailleurs

Si les responsables politiques feignent parfois de l'ignorer, les travailleurs le savent parfaitement : les décisions économiques ont des conséquences tout à fait concrètes. Les logiques low cost ont des répercussions sur le rythme de travail, la santé des salariés, l'état général de la société : elles déterminent une bonne partie des conditions de travail. Réinterroger le sens du travail, c'est poser la question des conditions dans lesquelles on l'exerce, de la finalité de sa tâche, de la reconnaissance qui lui est associée. C'est à partir de ces constats qu'on doit inventer, négocier, co-construire des solutions.

La marche folle de l'intensification

L'intensification n'est pas récente, il y a très longtemps qu'elle gangrène le monde du travail. En effet, si le temps est seulement de l'argent, pourquoi ne pas pressuriser les salariés afin qu'ils en fassent le maximum dans le minimum de temps ? Aller toujours plus vite, sur un temps de plus en plus court, c'est la logique imposée notamment aux travailleurs du *back office*[1]. Mais c'est aussi, paradoxalement, un effet collatéral de mesures qui, pour nous, à la CFDT, ont représenté un progrès social. Les 35 heures par exemple, dans les entreprises où l'organisation du travail n'a pas été négociée, ont parfois produit des effets d'intensification : travailler 4 heures de moins sous la forme d'une demi-journée par semaine, ou de quelques dizaines de minutes par jour, ce n'est pas du tout pareil, surtout si la charge de travail est quasiment inchangée.

Prenons l'exemple d'une assistante sociale qui rédige les dossiers de prise en charge des personnes âgées. Elle prend le temps de bien faire son travail. On voudrait évidemment lui ajouter plus de

1. Je renvoie ici aux études que Denis Maillard a consacrées à ce sujet.

dossiers, pour réduire les coûts. Elle a réussi, grâce à sa conscience professionnelle et au combat syndical notamment, à imposer sa façon de travailler. On l'oublie trop souvent, et l'intensification le nie : les salariés veulent avoir la satisfaction d'avoir bien fait leur travail ; cette femme, en prenant le temps de la disponibilité, de l'attention, change littéralement la vie des gens. Les salariés savent en général parfaitement de quel temps ils ont besoin pour que leur travail soit bien fait et ait un sens. On peut naturellement faciliter leur tâche, leur éviter les mécaniques répétitives, mais l'acte important, celui qui fait le sens du travail, les travailleurs y tiennent. Il y a une aspiration à hiérarchiser les tâches, non pas pour ne pas travailler, mais pour profiter du travail, de ce qui fait la noblesse du travail, qu'il soit manuel, intellectuel, relationnel. Et cette aspiration est entravée aujourd'hui par le seul souci de réduction de coûts, par la compétition, au détriment de la coopération.

Cette pressurisation a lentement détruit nombre de secteurs. Dès mes premières rencontres en tant que secrétaire général de la CFDT, il y a dix ans, j'ai été frappé par ce que j'ai vu dans les hôpitaux. On avait le sentiment d'une institution qui, depuis longtemps, détruisait les gens qui la faisaient tourner. À l'hôpital de Montreuil, j'ai récemment été pris à partie par les sages-femmes du service Pédiatrie et Maternité : sur cinquante postes de sages-femmes, il en manque vingt. On pourrait énumérer les exemples à l'infini. Dans les hôpitaux, on le sait, les gens s'effondrent, le travail est devenu trop dur et les témoignages se multiplient de soignants qui ont désormais le sentiment de maltraiter leurs patients, faute de pouvoir leur accorder le temps et l'attention nécessaires.

Il faut entendre que lorsque le sens du travail est perdu ou nié, ce sont les travailleurs qui sont méprisés. Quels que soient les secteurs, ils ont une expertise professionnelle d'une grande richesse. Ils ont une vision de leur travail et c'est une vision large, qui comprend leur tâche, et la tâche globale de leur entreprise : ils doivent être écoutés. Ce sont les premiers à comprendre que le but de leur tâche ou mission est souvent perdu dans une logique devenue aberrante à force d'ignorer les questions qui ne relèvent pas de la stricte optimisation des coûts. Personne ne remet en cause la nécessité d'être efficace ou productif, mais cette efficacité, cette productivité n'ont aucun sens si elles ne s'inscrivent pas dans un mouvement plus général d'amélioration de la qualité du service rendu ou du travail fini.

À la Caisse primaire d'assurance maladie de Loire-Atlantique, par exemple, j'ai rencontré quinze femmes qui, sur la plateforme téléphonique, prennent en charge les appels des assurés qui s'inquiètent du versement de leurs indemnités journalières, d'indemnités maladie, des personnes prises dans des situations de plus en plus complexes. Parfois, au bout du fil, un interlocuteur finit par dire que s'il ne reçoit pas cette indemnité, il n'a plus qu'à sauter par la fenêtre. Ces femmes ont quatre minutes pour répondre. Elles sont chronométrées. Mais quelle est la finalité de cette plateforme ? Donner des renseignements clairs et satisfaisants, ou répondre en quatre minutes ? Parmi ces salariées, certaines avaient choisi ce travail pour exercer un métier qui ait du sens. L'une d'elles avait quitté la banque, où elle était mieux payée.

On arrive à des aberrations quand on se déconnecte de sa mission initiale. La mission de la Sécurité sociale, ce n'est pas de répondre au téléphone à une cadence donnée, c'est d'apporter aux assurés la bonne réponse, que leur cas soit simple ou complexe. On est là sur une logique qui n'est plus du tout la finalité du travail, une logique fondée sur un indicateur déviant.

J'ai été conseiller en insertion professionnelle. Tous les vendredis, il fallait qu'on remplisse des indicateurs : combien la personne avait-elle eu d'entretiens, etc. Mais jamais on ne demandait comment cette personne se sentait face au marché du travail ou même dans sa vie. Jamais. Il n'y avait que des indicateurs chiffrés. Quand on néglige les femmes et les hommes, on manque les indicateurs fondamentaux. C'est vrai dans le travail, c'est vrai dans la vie en général.

Car le mépris commence ici : avec des cadences qui détruisent les corps et les esprits. En niant l'intelligence, l'expertise des salariés sur leur travail, l'intensification a abîmé la notion fondamentale de fierté du travail bien fait.

Des salaires bloqués au minimum

Ce mépris se confirme par la non-reconnaissance salariale, qui déconsidère le travail et les travailleurs. Là encore, rien de très neuf sous le soleil. Je suis cependant frappé par l'évolution de certains secteurs. Quand j'avais vingt ans, travailler à la CPAM, à la CAF, c'était reconnu. Je suis d'une génération pour qui le chômage a pesé, il était difficile de trouver du travail, on considérait généralement que la sécurité de l'emploi était la priorité absolue. Aujourd'hui, agent de catégorie C à la mairie, agent à la Sécurité sociale, c'est dur. Les salaires sont tassés vers le Smic et il y a très peu de perspectives d'évolution. Car le travail, ce n'est pas seulement la tâche, c'est aussi un parcours, la valorisation de ses compétences. Ce genre d'administrations voient les travailleurs se détourner d'elles : les jeunes y restent trois ou quatre ans, et puis ils s'en vont.

Dans l'agroalimentaire, les problèmes de conditions de travail et de reconnaissance salariale sont également très fréquents. Je me souviens d'une équipe de Bonduelle, dans la Meuse, qui avait fait douze jours de grève pour avoir une augmentation salariale. Ils n'ont presque rien obtenu à la fin : une prime de 90 euros. Aucun échange avec la direction. Un mépris total !

La question des salaires a des conséquences sur la vie de l'entreprise, mais aussi sur son efficacité : quand on ne paie pas le travail à sa juste valeur, on crée non seulement des situations de conflits, mais également des risques pour l'entreprise en termes d'efficacité. J'ai rencontré par exemple les militants CFDT de Socotec, un cabinet d'expertise chargé d'évaluer les risques, où régnait un énorme turnover, dont la direction ne tenait aucun compte. Aucune augmentation salariale. Le métier de ces salariés – des techniciens –, c'est d'assurer la santé des salariés, des biens et des personnes : c'est un métier de contrôle, qui valide la bonne exécution de certaines tâches. Mais, alors que l'entreprise gagne de l'argent, on leur demande de travailler en mode low cost. Ce n'est pas l'objet du travail qui est en cause ici, c'est le système, un système qui écrase parce qu'il est focalisé sur la rentabilité à court terme. Des salariés qui n'ont pas le temps de travailler correctement voient le sens de leur métier leur échapper et leur mission bafouée. Le délégué syndical l'exprime en ces termes : « Le manque de temps alloué crée des risques pour les citoyens. » Comment imaginer que le patron ne se soucie pas du turn-over et du manque de personnel au sein de son entreprise, alors que la mission de sa société est précisément de veiller à ce que le travail soit correctement fait ? Et comment imaginer que ceux qui restent n'aient pas le sentiment que leur travail n'est pas reconnu ? Heureusement, leur action syndicale a finalement payé en 2022. Ils ont obtenu des augmentations de salaire.

Des travailleurs déconsidérés

Considérer les travailleurs, c'est rémunérer le travail correctement, mais aussi leur donner une place. Là encore, cela implique de reconnaître leur expertise ; là encore, il s'agit de renforcer l'efficacité. Je me souviens du service d'oncologie d'un hôpital de Nantes ; on venait de le refaire à neuf, ce n'était sans doute pas un hasard si la direction m'y avait emmené. La cadre infirmière me présente le service, je l'écoute, puis je repère un jeune homme, très grand, très sec, et je m'écarte un peu de la présentation officielle pour parler avec lui. Il est agent de service hospitalier. Il m'explique que les produits dont il a besoin sont très éloignés des chambres. Mais vraiment très loin. Il n'avait jamais eu l'occasion de faire savoir qu'il aurait été plus intelligent d'organiser les choses autrement. C'est la base, mais personne n'avait intégré le travail de ce jeune homme à l'organisation du service.

Ces orientations contribuent à nourrir le sentiment de mépris des travailleurs qui a explosé dans la rue lors de la réforme des retraites. Les questions de contenu du travail, de finalité et de salaire sont capitales. Il y en a d'autres, comme l'environnement de travail. Des locaux dévastés, du mobilier cassé ne donnent évidemment pas aux salariés le sentiment qu'ils comptent. De même, le flex office, qui s'est répandu, est pour moi une forme de négation de la personne. Certains salariés s'entendent parfois dire, après plus d'une heure de trajet, qu'aucun bureau n'est disponible ce jour-là. Dans une entreprise, on a une place, qu'on occupe tous de façon différente, parfois avec des détails pouvant paraître dérisoires, un dessin, un objet ou une photo de famille sur le bureau, mais qui marquent l'espace, témoignent par leur présence d'une forme d'adhésion au travail. Ces nouveaux univers parfois confortables, lumineux, pensés pour la sociabilité, peuvent se révéler des coquilles vides si les salariés n'y ont pas leur place singulière.

Enfin, donner une place, c'est également ne pas assommer les travailleurs sous des injonctions contradictoires, les directives qui vont dans tous les sens, sans consultation sur des décisions qui les concernent. L'enseignement de la technologie va être supprimé en classe de sixième, par exemple. Les professeurs l'ont appris par la presse. Comment ne pas penser qu'on se moque de leurs compétences, de leur investissement, de leur métier ? Il n'y a pas que dans la santé ou dans l'éducation que les travailleurs veulent trouver du sens à leur métier. Tous les métiers ont du sens, tous produisent une expertise. Et on aurait souvent des surprises si on écoutait les salariés.

J'ai entendu récemment quelqu'un déclarer qu'il ne pourrait jamais travailler dans un abattoir. Je peux le comprendre. C'est pourtant un des endroits, malgré la pénibilité du travail, où j'ai trouvé les plus belles manifestations de convivialité et de tradition ouvrières. La question de savoir si tel ou tel métier devrait exister ou pas, s'il est ou non attractif, c'est une question théorique, à laquelle on ne peut pas donner une réponse surplombante. Quand on est syndicaliste, on ne peut pas mépriser le travail. Travailler dans la grande distribution, c'est parfois dévalorisé, mais cela a du sens, évidemment. Qui n'a jamais été dans un supermarché d'une petite ville moyenne où on voit l'hôte ou l'hôtesse de caisse parler à la femme âgée qui vient régulièrement ? Et reconnaître ce sens, c'est aussi le valoriser.

Des pénibilités invisibles

Ce n'était pas mieux avant. On parle des « Trente Glorieuses », mais à cette époque, les ouvriers rentraient chez eux usés, et il y avait un taux important d'accidents. Les femmes étaient souvent cantonnées à la maison, la division internationale du travail avait encore pour nom colonisation, quant à l'environnement, on s'en souciait bien moins qu'aujourd'hui. Mais c'était un monde où il y avait des grandes masses de salariés dans les gros secteurs. Et cette présence de l'usine, de l'atelier, créait aussi le sentiment d'un destin commun.

Le monde du travail s'est atomisé ; il a profondément changé. Une part des pénibilités ont été en partie résorbées – je pense que c'est moins dur d'être soudeur dans les Chantiers de l'Atlantique aujourd'hui que quand mon père y était, ce qui ne signifie pas pour autant que le travail est devenu facile. La situation s'est également améliorée dans l'agroalimentaire, grâce à l'action syndicale, qui a permis d'obtenir des avancées en termes d'aménagement des postes et de protections individuelles. Cependant, pour toute une partie des métiers – très souvent des métiers féminins –, la pénibilité est invisible. Je me souviens d'une responsable syndicale d'aides à domicile de Rouen. Ces femmes vont chez les personnes âgées. Elles n'ont pas toutes une voiture, beaucoup doivent prendre le bus. Parfois, il faut manger dans le parc, entre deux rendez-vous. Au printemps ça va, en hiver c'est plus compliqué. Il faut porter les personnes âgées ; les domiciles ne sont pas équipés comme certains Ehpad. Sans parler des horaires. Ces pénibilités-là ne sont pas intégrées. Il y a une dizaine d'années maintenant, on disait que les aides-soignants étaient l'une des catégories professionnelles ayant l'espérance de vie la plus faible. Mais ce constat n'est pas encore entré dans l'imaginaire collectif.

Nombre de métiers restent difficiles. Pourtant, un certain nombre de critères de pénibilité ont été supprimés, tels que le port de charges lourdes (qui concernait 1,9 million de salariés en 2017), les vibrations mécaniques (985 000 salariés, soumis « à la répétition d'un même geste ou d'une série de gestes à cadence élevée » 20 heures ou plus par semaine), les postures pénibles (un tiers des salariés), l'exposition à un agent biologique (19 % des salariés)[1]. Ces pénibilités concernent un grand nombre de secteurs professionnels.

Les critères aujourd'hui retenus sont : l'environnement bruyant, les gestes répétitifs, le travail de nuit (qui est en augmentation), en équipes alternantes, sous terre ou sous l'eau, dans les températures extrêmes. Les secteurs les plus exposés sont le commerce, les activités administratives de service et de soutien, la construction, le transport et l'entreposage, l'industrie des denrées alimentaires, l'hébergement médico-social et la santé. En 2017, 1,3 million de salariés avaient un compte personnel de prévention de la pénibilité ; pourtant, près de 3 millions de salariés étaient potentiellement concernés[2].

Parallèlement se sont développées d'autres pénibilités, plus pernicieuses, liées à la nécessité d'être

1. « Chiffres clés sur les conditions de travail et la santé au travail », Dares, août 2021.

2. « Quels salariés bénéficiaient d'un compte pénibilité en 2017 ? », Dares, 24 juin 2022.

connecté en permanence, aux flux d'informations, aux demandes incessantes de réponses.

Ainsi, même si les pénibilités ne se sont pas accrues, notre rapport au travail a évolué avec la société, créant de nouveaux besoins de régulation. Les objectifs chiffrés, l'intensification, le manque d'autonomie sont devenus pour certains salariés invivables, notamment quand ils s'accompagnent de déconsidération ou d'une forme de désocialisation, parce qu'on n'a plus de temps pour vivre au travail, c'est-à-dire le temps de se retrouver autour d'un pot pour le collègue qui fête son anniversaire, d'un moment d'échange, de rigolade dans l'atelier, ou qu'on ne peut pas s'organiser pour faire son travail correctement. La pressurisation – c'est-à-dire la logique du travail comme coût, comme élément de productivité, et non comme élément d'épanouissement, élément sociétal, voire démocratique – a détruit cette part du travail, et c'est tout un pan de sens qui a disparu.

Une charge de travail déséquilibrée

On souffre autant d'un travail qui perd son sens que d'une charge de travail excessive, ou d'une absence de travail. On le sait, il y a désormais pas mal d'enquêtes sur le « bore-out », c'est-à-dire un ennui épuisant. Il est difficile d'avouer qu'on n'a pas assez de travail, qu'on s'ennuie. Mais il est également difficile de dire qu'on en a trop, qu'on n'arrive pas à faire face. C'est de cette façon que se crée le burn-out : les alertes ne sont pas repérables. Si un salarié ne se sent pas autorisé à tirer la sonnette d'alarme, il est extrêmement difficile de prévenir les accidents. La charge de travail est partiellement subjective, quand l'un est heureux d'avoir un agenda bien rempli, l'autre souffre de devoir sacrifier sa famille. C'est collectivement que nous devons donc veiller les uns sur les autres, en construisant un cadre d'alerte sur la charge de travail, ce qui nécessite du dialogue professionnel et une écoute des salariés. Aujourd'hui, les gens qui sont en burn-out le découvrent quand ils craquent, c'est-à-dire du jour au lendemain. Ils ont bossé comme des fous, ils donnent le sentiment d'être insubmersibles, mais un matin, il n'y a plus d'essence, ils sont à sec.

La logique de prévention est fondamentale dans l'action sur le travail. Si on veut améliorer la vie au travail, il faut avoir une approche de la prévention, et pas seulement de gestion des problèmes. Il existe une très belle institution, l'Institut national de recherche et de sécurité (INRS), un petit organisme financé par la Sécurité sociale, qui travaille sur la prévention des risques professionnels. Les discussions avec la section CFDT de cet établissement, qui a une réelle vision de la prévention, sont toujours instructives. On sait désormais que le triptyque pour améliorer la vie au travail, c'est l'écoute, le dialogue, et la prévention. Ce sont des cordes de rappel pour les salariés en difficulté.

Il y a trop d'endroits où c'est « marche ou crève » – et on peut marcher longtemps. En mars 2023, un ouvrier est mort sur le chantier du Grand Paris, et ce n'est pas le premier. Bien sûr, la situation s'est améliorée depuis la fin de la guerre, mais on a encore beaucoup trop d'accidents du travail, avec des secteurs particulièrement exposés comme le bois, la construction, l'agriculture, le transport : la dernière étude chiffrait le nombre d'accidents ayant occasionné au moins un jour d'arrêt de travail à 783 600, pour l'année 2019[1]. Par comparaison, la route a fait 70 000 blessés. La solution, c'est, encore une fois, de la concertation et de l'écoute, des logiques de prévention avec des organisations du travail respectueuses, des moyens de protection, des cadences, des charges de travail raisonnables.

1. « Quels sont les salariés les plus touchés par les accidents du travail en 2019 ? », Dares, 2 novembre 2022.

« Les ouvriers, employés et les personnes gagnant moins de 1 500 € sont 40 % à dire que leur travail les “délabre”. De leur côté, 20 à 30 % des plus diplômés et rémunérés estiment que leur travail joue contre leur santé », établissait notre enquête « Parlons travail ». Le travail a donc vraiment encore un impact sur la santé, dans des secteurs très différents les uns des autres. On a beaucoup avancé sur l’impact physique – qui reste très important –, mais moins sur l’impact psychique, qui engage aussi les questions d’invisibilité : l’usure professionnelle et la pénibilité ont pris des formes nouvelles.

Le tableau que je dresse peut paraître tragique – ce n’est bien sûr pas le cas. D’une part, parce qu’il ne concerne pas tous les travailleurs, d’autre part, parce que ce serait insulter les salariés que de faire croire qu’il y aurait 20 millions de personnes qui, tous les jours, iraient au travail malheureux. Les travailleurs ne sont pas des moutons, ils ont une conscience, des aspirations, une vie, ils gardent parfois même le sourire dans des situations difficiles. Mais ils veulent être reconnus, et les questions qu’une grande partie d’entre eux affrontent au quotidien doivent être mises en lumière, considérées, et des réponses sérieusement étudiées.

Les conditions de travail créent aussi la possibilité d'une sociabilité dont nous avons grand besoin. Il est temps de reconnaître les trois dimensions fondamentales du travail que sont la capacité de production, la capacité de coopération et la capacité d'apprentissage. La logique de coût a réduit la dimension apprentissage à la seule dimension productive, et la dimension coopération à l'obéissance.

Il faut sortir de cette impasse et repenser le travail pour repenser l'entreprise.

Je crois pourtant qu'il ne manque pas grand-chose pour que cela aille vraiment beaucoup mieux, pour que l'on sorte à la fois du mépris et de la colère dans lesquels trop de salariés sont pris en étau.

3.

Guide pratique du travail de demain

« Devons-nous laisser les machines inonder nos canaux d'information de propagande et de mensonges ? Devrions-nous automatiser tous les emplois, y compris ceux qui sont gratifiants ? Devons-nous développer des esprits non humains qui pourraient un jour être plus nombreux, plus intelligents, et nous remplacer ? » demandent dans une lettre ouverte un millier d'experts de l'IA (intelligence artificielle), dont le patron d'OpenAI, concepteur de ChatGPT[1]. Nul doute que le travail de demain sera profondément modifié par les nouvelles technologies, qui posent à tous des questions vertigineuses – y compris en termes de consommation d'énergie. Il n'est évidemment pas question ici de

1. *Le Monde*, 29 mars 2023.

spéculer sur la nature des emplois qui vont disparaître ou s'inventer en tentant de prédire le futur. Cependant, nous pouvons réfléchir aux principes qui doivent nous guider demain, et sur lesquels nous devrons nous appuyer, non pas à partir de fabulations merveilleuses ou atroces, mais à partir de l'expérience réelle, concrète, quotidienne, de ceux qui travaillent aujourd'hui.

Dans leur immense majorité, les salariés ont le sentiment de ne pas être écoutés. Il y a une forme de paradoxe dans le monde du travail, qui est un reflet de la société tout entière : dans le travail, on cherche de la coopération, de la solidarité, mais on veut être traité de façon singulière, en tant que personne, avec des aspirations et un passé – des services rendus, ou des sacrifices consentis – que les patrons doivent considérer. Je crois que les salariés attendent désormais, et attendront de plus en plus, d'être reconnus individuellement. Ils ne veulent pas être perçus comme le simple maillon d'une chaîne, un rouage interchangeable. Ils veulent être un élément essentiel d'un fonctionnement, mais aussi faire partie d'un système de coopération, d'écoute, d'entraide. Cette question de l'individuel au sein du collectif est un enjeu majeur pour le syndicalisme. Il faut que tous les syndicalistes l'entendent. Car si le syndicalisme s'est construit autour de revendications collectives, il va devoir apporter également une réponse aux interrogations individuelles, à des situations qui ne sont pas majoritaires, mais qui comptent.

Les responsables politiques sont passés à côté de cette mutation. Ils ne voient pas le travail mais les chiffres de l'emploi. Je suis persuadé que quelqu'un qui est payé très correctement ne peut pas être heureux s'il souffre quotidiennement dans son travail. Un chef qui passe sans dire bonjour, sans regarder, juste pour vérifier le travail, et un chef qui prend le temps de discuter, de manifester son empathie, de demander des nouvelles des enfants, c'est le jour et la nuit. Car reconnaître la place de chacun et son apport au travail collectif, c'est déjà rendre le travail beaucoup plus vivable. Il faut bien sûr se préoccuper de la question salariale et de la revalorisation des métiers, parce que le salaire dit des choses : on ne peut pas affirmer que le travail d'une aide à domicile est très noble et la payer au lance-pierre. Il faut également agir sur la réalité du travail elle-même, ce qui implique à mes yeux de se recentrer sur un élément essentiel mais souvent oublié : la démocratie. C'est cette valeur que nous devons remettre au cœur de notre réflexion et de notre action, pour que le travail de demain s'intègre enfin dans un modèle de société vertueux, où l'économie s'articule avec des exigences sociales, mais aussi environnementales, désormais incontournables.

Négocier l'organisation du travail et instaurer le dialogue professionnel

Quand on parle d'organisation du travail, on parle de la finalité du travail, de la façon dont il va se dérouler, des process de production, que ce soit des biens ou des services, des rythmes et des conditions de travail, des moyens donnés pour le faire. On parle aussi, bien sûr, de la productivité, qui n'est pas un sujet tabou, mais ne peut pas être le seul indicateur. C'est donc un sujet immense, qui exige, comme on l'a vu, que l'on sorte d'une stricte logique de chiffres pour prendre en compte des critères de qualité.

Aujourd'hui, l'organisation du travail est la prérogative exclusive de l'employeur. Il est impossible de faire évoluer les choses si on ne modifie pas cette règle. C'est à la portée d'un gouvernement. S'il le veut, il le peut, mais cela implique de faire confiance à la négociation collective.

Repenser l'organisation du travail dans le cadre d'un dialogue social est une nécessité non seulement pour les salariés, mais également pour les entreprises, car le rapport de force est en train de s'inverser. La force de travail va être moins disponible : il n'y a plus de chômage de masse, il y a des besoins en qualifications, nombre de salariés sont devenus très mobiles, et ils sont très attentifs à la façon dont ils sont traités. Parallèlement, aujourd'hui, sept métiers sur dix sont en tension[1]. C'est pour répondre à cette crise à venir que je propose une négociation obligatoire de l'organisation du travail, parce qu'il est impossible que ce qui concerne au premier chef les salariés ne soit pas un objet de dialogue social.

Il faudrait aussi que dans notre pays, il n'y ait plus un seul salarié qui, dans une situation de travail qu'il exerce chaque jour, n'ait pas un espace d'expression, un espace d'autonomie. Cela ne veut pas dire que chacun ferait ce qu'il veut. Cela veut dire donner la possibilité à chacun de s'exprimer sur son métier, son travail, la façon dont il le vit, l'effectue, comment il pense pouvoir le faire évoluer dans le cadre de l'objectif global de l'entreprise.

Cette exigence implique que les patrons réinterrogent leur rapport au pouvoir. Nous avons besoin de concertation, d'une gouvernance d'entreprise

1. « Les tensions sur le marché du travail en 2021 », Dares, 8 septembre 2022.

repensée qui incarne enfin le caractère de projet collectif de l'entreprise, associant capital et travail, fédérant des énergies extérieures, maîtrisant ses effets sur la société et l'environnement. Dans cette perspective, il est logique d'associer les travailleurs à la prise de décision, de leur donner un pouvoir sur la situation qu'ils vivent.

Pour être efficace, ce dialogue professionnel doit réunir trois conditions majeures : parler du travail réel (contenu, impact, conditions de réalisation), associer tous les salariés concernés, laisser des marges de manœuvre pour agir et changer les choses. C'est ainsi que l'on pourra traiter réellement les questions de pénibilité, de prévention, d'accidents du travail, de risques professionnels, de qualité de vie, de conditions de travail et même de reconnaissance. Trop de patrons sont dans une logique où la coopération est largement plus faible que la volonté de domination. Ils se disent : « C'est moi le patron ! » sans toujours mesurer la logique dans laquelle ils sont pris, en pensant parfois sincèrement que si les salariés veulent leur parler, ils peuvent venir les voir. Beaucoup de salariés travaillent dans de petites entreprises où, souvent, il y a une apparence de dialogue social – entre militants, nous appelons cela le « dialogue social muscadet ». « Chez nous, il y a du dialogue social ! disent les patrons. Le vendredi midi, on boit un coup de muscadet, s'il y a un truc à dire, ils le disent ! » Mais non : il y a un lien de subordination, on n'est pas d'égal à égal au sens juridique du terme. Le dialogue social doit être structuré.

La façon dont le lien de subordination s'exerce est capitale. Il faut laisser de l'espace. Il n'y a pas de recette miracle, il n'y a pas de mesure exacte, mais il faut laisser un espace qui permette aux travailleurs d'être dans une situation de maîtrise. Cela engage des questions de management, des questions d'autonomie, des questions de logique de coopération opposées aux logiques de compétition et d'obéissance qui règnent trop souvent dans l'entreprise.

La voie de la négociation doit demeurer le scénario privilégié par tous. Je me souviens d'une entreprise en Lorraine où il y avait un gros problème de dialogue social. On avait discuté avec le patron. L'entreprise comptait des salariés précieux, qui connaissaient très bien leur métier et qui ne pourraient pas facilement être remplacés, car il s'agissait d'un secteur de niche. Il était évident que la situation exigeait plus de concertation, des discussions, le patron l'a compris après avoir parlé avec nous, et les choses se sont nettement améliorées.

Bien sûr, parfois, le dialogue est impossible. Il faut pouvoir l'admettre. La première bataille syndicale que j'ai menée, c'était à Buffalo Grill. Les salariés étaient harcelés. Nous sommes allés envahir le restaurant, nous l'avons empêché de fonctionner pendant deux ou trois midis ; nous avons fait descendre la direction nationale de Buffalo Grill, qui a indemnisé les travailleurs. Le chef, qui était exécrable avec les employés, a été licencié. S'il n'y a pas de dialogue social, il faut faire bouger les choses avec d'autres formes de l'action syndicale. Le travail est l'un des seuls lieux où, dans la vie, on doit accomplir une tâche même si on n'en a pas envie, et sans pouvoir en décider toutes les conditions. La question – et c'est tout l'objet du syndicalisme – c'est comment rééquilibrer ce lien de subordination. Aujourd'hui, c'est soit par le dialogue social, qui demeure la meilleure voie, soit par d'autres éléments du rapport de force, quand il n'y a plus d'alternative. Actons la nécessité de ce rééquilibrage en rendant la négociation de l'organisation du travail obligatoire. Ce n'est pas une déclaration de guerre aux patrons. Nombre d'entre eux décident de prendre en compte leurs salariés, et leurs entreprises s'en trouvent renforcées.

Certaines sont même exemplaires : je suis allé récemment voir les travailleurs d'EvoBus, le plus gros employeur privé de la Meuse : 800 salariés de la métallurgie, qui fabriquent des bus sur mesure.

Rien à signaler : ils ont conclu un accord salarial avec une priorisation, 6,5 % pour les salaires les plus faibles, et pour les autres moins, ils ont des accords sur l'organisation du travail, du dialogue social et des accords sur les fins de carrière. Même des entreprises où le travail est très dur parviennent à s'organiser, comme cet abattoir, dans la Sarthe, avec une équipe syndicale extraordinaire, où je suis allé il y a dix ans. Tôt le matin les bovins arrivent, sont découpés, c'est un métier dur. Il y avait déjà un dialogue social, mais les conditions de travail étaient très rudes, en raison de la nature même du métier. J'y suis retourné récemment. Il y avait eu une amélioration des postes, des pauses, etc. Que s'était-il passé ? Des échanges, des confrontations, des discussions ! Appuyé par les salariés et soutenu par la section syndicale, le délégué syndical a joué son rôle, et de l'autre côté, le patron a accepté de discuter d'organisation du travail. Toute l'entreprise s'en est trouvée mieux.

Les situations compliquées sont souvent soulignées, mais dans beaucoup d'entreprises, ce dialogue social nécessaire existe, il est performant et sert les salariés comme les patrons. Cela n'empêche pas les conflits, il y a des conflits de logique, des différences d'appréciation sur une situation, cela fait partie de la démocratie. Ce qui distingue une entreprise où il y a du dialogue social d'une entreprise où il n'y en a pas, c'est précisément la reconnaissance qu'il y a des conflits d'intérêts, des visions différentes : dans une entreprise, l'intérêt du patron n'est pas en tout point l'intérêt des salariés et sa vision n'est pas nécessairement la leur. Quand on reconnaît la légitimité de ces conflits d'intérêts, des débats entre visions, on s'organise démocratiquement pour trouver des compromis. Donc, est-ce que tout cela se résout simplement par la concertation ? Non. Cela se résout par des politiques globales qui incitent à trouver des solutions locales. Et quand le respect réciproque s'est installé, l'entreprise s'est renforcée. On s'écoute, on peut se dire des choses difficiles, on est capable de tenir et d'entendre un discours de vérité, de chercher des solutions ensemble, avec des représentants syndicaux qui comprennent les difficultés de l'entreprise, et une direction qui ne tente pas de tromper ses salariés.

Rendre la négociation de l'organisation du travail obligatoire, ce serait commencer à entériner la nécessité de ce dialogue, amener les deux parties à admettre qu'il est dans leur intérêt réciproque de se considérer, de chercher ensemble des solutions, c'est-à-dire de partager le pouvoir, à leur échelle.

Redistribuer la richesse créée à toute la société

Sans être exagérément utopiste, je crois qu'on peut bâtir du bonheur, une société plus solidaire, plus fraternelle et plus juste, sans faire table rase, sans repartir de zéro. Mais il faut poser de nouveaux marqueurs. L'un d'eux est fondamental, c'est la répartition de la richesse, aux salariés, mais aussi à toute la société.

Tout travail mérite salaire, comme dit la maxime. Et le salaire, c'est quoi ? C'est la reconnaissance d'une tâche fournie, et la reconnaissance d'une compétence et d'une expérience. Aujourd'hui, malheureusement, le salaire est trop souvent réduit à la seule reconnaissance de la tâche fournie. Et on constate un écrasement des grilles salariales dans une large majorité de branches professionnelles, parce qu'il n'y a aucune vision dynamique de la compétence. Dans le public comme dans le privé, on a oublié que le travail, c'est aussi la qualification. Il faut revoir les grilles salariales dans le privé, et revoir la logique d'augmentation des rémunérations dans le public.

Quand on confie nos enfants et nos anciens, c'est-à-dire les personnes qui comptent le plus pour nous, à des salariés qu'on paie très peu, on nie leurs qualifications et leurs compétences. Cela pose un problème de salaire, de pouvoir-de-vivre, accentuant le sentiment d'invisibilité des métiers non reconnus, et créant pour les métiers anciennement reconnus un effet de déclassement terrible, et donc de mal-être au travail.

Je crois que nous devons revenir à des écarts maximaux de rémunération dans une entreprise et à des progressions salariales différenciées. Il y a une fracture qui s'accentue entre les travailleurs très qualifiés, dans une logique salariale dynamique, et d'autres moins qualifiés, bloqués dans leur évolution. Pourtant, les entreprises ont besoin de tous pour fonctionner.

Un exemple est particulièrement éloquent, celui de Carlos Tavares, PDG de de Stellantis, qui, grâce notamment à des attributions d'actions, pourrait toucher 23,5 millions d'euros en 2023. Stellantis redistribue une partie des bénéfices aux salariés, certes, mais qu'est-ce qui peut justifier une rémunération de plus de 23 millions ? Et lorsque les dividendes ne sont pas imposés à la même hauteur que les salaires, comment la fiscalité concourt-elle à assurer la nécessaire solidarité avec le reste des citoyens ?

On parle du coût du travail, mais on parle peu du rendement du capital, on ne questionne pas les dividendes d'une entreprise qui distribue des millions à ses actionnaires ou à son dirigeant. Il n'y a rien de choquant à l'idée de partager la valeur entre les différents contributeurs de l'entreprise et de distribuer des dividendes quand on réalise des profits. En revanche, quand on cède des filiales, qu'on pressurise les sous-traitants pour accorder un dividende excessif, qu'on refuse les augmentations de salaire mais qu'on augmente les bénéfices distribués, qu'on pratique l'optimisation fiscale à outrance et – plus grave encore – qu'on n'investit pas pour préparer l'avenir, le tableau est très différent.

L'inégalité dans la répartition des richesses créées par l'entreprise mine le monde du travail, encourageant la logique d'intensification comme le ressentiment. La répartition entre l'argent des dividendes – qui rémunère le capital – et l'argent du travail – qui rémunère les travailleurs – est trop souvent disproportionnée. Pourquoi ? Parce qu'il n'y a pas de régulation sur le versement de ces dividendes. On vient de signer un accord sur le partage de la valeur qui généralise par exemple la participation aux entreprises de 11 à 50 salariés, qui n'en bénéficiaient pas, mais c'est une petite avancée. Le versement de dividendes aux actionnaires doit s'accompagner d'un mécanisme de répartition de la valeur créée aux salariés, en veillant parallèlement à ce que l'avenir de l'entreprise soit assuré par un investissement suffisant. Il n'y a finalement aucune raison que la taxation du capital diffère fondamentalement de la taxation du travail, que l'actionnaire soit moins solidaire que le travailleur. On est très loin de cette équité de traitement, parce qu'il n'y a pas de responsable politique assez courageux pour revoir la politique fiscale. Même des économistes classiques pensent pourtant qu'il faudra augmenter la fiscalité de certains revenus. Et le meilleur moyen de jouer sur la politique fiscale pour financer du bien commun, des politiques publiques, des politiques sociales, c'est de taxer les revenus du capital – y compris pour inciter les entreprises à investir pour l'avenir, et notamment organiser la nécessaire transition écologique, au lieu de distribuer des revenus quand cet avenir n'est pas assuré.

Il faut également de la régulation sur le versement des dividendes. Il faut mettre fin aux rachats d'actions – qui augmente mécaniquement le cours de l'action en Bourse –, mécanisme abject destiné à profiter avant tout aux actionnaires, et non aux salariés. Je ne suis pas anti-capitaliste, je suis pour une économie de marché responsable et régulée. Je suis aussi profondément européen, je défends une économie sociale de marché, ce qui implique que les travailleurs doivent être pris en considération. On doit reconnaître qu'une entreprise, ce sont deux parties constituantes principales : le capital – on en a besoin – et le travail. Ces deux parties constituantes doivent être traitées à égalité, et faire vivre leurs tensions – ces tensions existent puisque ces parties n'ont pas toujours les mêmes intérêts ni les mêmes visions – dans un cadre régulé.

Penser la transition écologique

Aujourd'hui existe une génération extrêmement exigeante en termes de sens de l'entreprise. La transition écologique est désormais au centre de certains choix – même si tous les jeunes ne sortent pas d'AgroParisTech, et que certains ont moins d'alternatives, ne l'oublions pas. La façon dont est perçu ce que produit une entreprise est fondamentale pour se sentir bien au travail, la question de l'impact écologique devient donc de plus en plus importante, et notamment pour la jeune génération.

La conscience écologique s'est beaucoup développée depuis sept ou huit ans. À la CFDT, nous avons créé « Les Sentinelles vertes », des militants d'entreprises qui décident de porter la préoccupation écologique dans leur entreprise. De nouvelles questions impactent désormais le travail. Comment les déchets sont-ils gérés ? Accepte-t-on de travailler dans une entreprise très polluante ? Mais aussi : Comment intervient-on, en tant que Sentinelle verte par exemple, dans ce type d'entreprise ?

Nous avons besoin d'un changement radical en termes de modèle de développement, mais ce changement, ce n'est pas d'exiger la mort de toutes les entreprises qui émettent du carbone, c'est-à-dire toutes les industries. Qui seraient les premières victimes ? On se trompe si on ne regarde que la photographie : il faut considérer le film dans son ensemble. Il faut décarboner les entreprises, mais en partant d'un point de départ, avec des objectifs, et en mesurant que ces objectifs sont tenus. Cela se fait là encore par le dialogue social. Il y a déjà des changements dans l'automobile, par exemple. L'électrification de l'automobile va bouleverser les emplois – des fonderies ferment, notamment, parce qu'on sort du modèle du moteur thermique, et certains salariés doivent s'adapter, parce que monter un véhicule électrique, ce n'est pas monter un véhicule thermique.

Ces bouleversements constituent des défis importants, qui supposent des évolutions, voire des révolutions, en termes d'emploi, en termes de tâche.

Ce qui n'ira pas toujours sans difficultés. Les intérêts écologiques sont parfois contraires à ceux de l'emploi. Le rapport établi par la Fondation pour la nature et l'homme (FNH) et la CFDT Métallurgie sur la filière automobile montre par exemple que, quels que soient les scénarios, les transformations auront des impacts sur l'emploi. Mais ces impacts ne sont pas du tout les mêmes selon un scénario anticipé, discuté, ou selon un scénario imposé brutalement d'en haut. Je soutiens la fin des véhicules thermiques particuliers en 2035 au niveau européen, mais il faut s'en préoccuper maintenant. Emparons-nous aujourd'hui de la question et regardons ce qu'elle implique, par exemple, comme production de batteries – des *gigafactories* un peu partout sur le territoire –, regardons de quelle façon les emplois vont devoir évoluer.

Autre exemple, on sait également que le transport est très producteur de carbone. Il faudra donc revoir tout ce système. Prendre son camion dans un entrepôt et parcourir 500 kilomètres pour accomplir une livraison n'implique pas la même logique qu'une circulation de la marchandise par ferroutage, par canaux, etc., où il y a un salarié qui dépose, un autre qui reçoit, une chaîne différente. Il faudra réfléchir alors à l'organisation du travail, aux compétences : la transition écologique va nous y contraindre.

La Fédération de la chimie et de l'énergie de la CFDT (FCE), a essayé de modéliser les scénarios nécessaires pour respecter les engagements européens de la France en matière climatique d'ici 2030, un horizon plus concret pour les salariés que celui de 2050[1]. Les conclusions montrent que la réussite de 2030 dépend de choix de société autant, voire plus, que de choix techniques bien sûr indispensables. Il s'agit avant tout de développer les circuits courts, de relocaliser, de modifier nos façons de nous déplacer pour privilégier des modes plus collectifs et plus doux. Car la sobriété, c'est un changement des usages et pas seulement des appareils. Et cela ne peut avoir que des conséquences sur le travail qu'il faut minimiser quand elles sont négatives et accompagner pour que la transition reste choisie.

Les salariés sont très souvent satisfaits que leur entreprise s'engage résolument et authentiquement dans cette direction : c'est une préoccupation qui concerne maintenant la société tout entière. J'ai rencontré récemment les gens de Voies navigables de France (VNF). On a réduit les emplois, les moyens. Les salariés n'ont pas de reconnaissance, leur compétence n'est pas valorisée, leurs avis ne

1. « Transition juste pour une programmation pluriannuelle de l'énergie sociale », CFDT Chimie Énergie, février 2022.

sont pas écoutés. Ils savent que la voie d'eau est sous-exploitée, qu'il faudrait rénover. Le canal de la Meuse, par exemple, est aujourd'hui en partie inexploitable parce qu'il n'est pas entretenu, alors que les voies navigables sont une des pistes majeures pour la transition écologique en termes de transport.

À l'inverse, je me souviens d'une papeterie, dans la Haute-Vienne, près de Limoges. Les salariés étaient engagés dans un processus de transition pour que l'entreprise soit moins polluante et consomme moins d'eau. Ils étaient très fiers. Ils habitaient près de leur entreprise, ils défendaient leur environnement, leur vie, ils étaient responsables de l'impact de leur entreprise et de ce qu'ils faisaient. Les plans de sobriété ont également fait bouger les lignes : les équipes syndicales ont fait des propositions, comme chez Renault, en termes de déchets, ou dans une menuiserie industrielle, où les salariés se sont organisés pour qu'il y ait moins de rebuts. Cette préoccupation existe dans des secteurs très différents ; aujourd'hui, les équipes CFDT réfléchissent par exemple aux moyens de concilier une meilleure exploitation du bois et le respect des forêts, afin d'éviter les importations.

On pourrait dire que dans le « monde d'avant », il y avait le travail et le capital, c'est-à-dire le social et l'économie. Désormais, il y a un jeu à trois : l'écologie, le travail, l'économie. Quand on s'engage syndicalement, on pense que le travail n'est pas le sous-produit de l'économie. On doit désormais intégrer l'idée que l'écologie n'est pas non plus un sous-produit de l'économie, sans imposer une écologie qui ne respecterait pas le social. C'est évidemment un équilibre difficile, que nous travaillons avec les militants.

Donner leur place aux seniors

On a beaucoup rappelé les propos d'Emmanuel Macron, qui, lors d'une conférence de presse, déclarait en avril 2019 : « Tant qu'on n'a pas réglé le problème du chômage dans notre pays, franchement, ce serait assez hypocrite de décaler l'âge légal. Quand, aujourd'hui, on est peu qualifié, quand on vit dans une région qui est en difficulté industrielle, quand on est soi-même en difficulté, qu'on a une carrière fracturée, bon courage déjà pour arriver à 62 ans. C'est ça, la réalité de notre pays. »

Je ne peux que saluer la lucidité dont faisait alors preuve le président de la République. Quatre ans plus tard, la « réalité de notre pays » n'a guère changé. Certes, le chômage a baissé, mais pas dans la catégorie des plus de 60 ans : en 2021, 56 % des personnes de 55 à 64 ans sont en emploi, et 57,9 % en activité. Après 60 ans, le taux d'emploi est de 35,5 %[1], avec une nette inégalité en défaveur des femmes.

On connaît les arguments des entreprises : les seniors seraient trop chers, ou trop indépendants, ou moins efficaces. Pourtant, en Europe, les taux d'emploi des seniors sont supérieurs à ceux de la France : 76,9 % en Suède, 71,8 % en Allemagne – autour de 60 % pour l'Union européenne[2].

Comment faire évoluer la situation ?

Le patronat tient un double discours. D'un côté, il faudrait donc travailler plus longtemps. De l'autre, les seniors coûteraient trop cher et ne seraient plus assez productifs. C'est un système schizophrène.

La question de l'emploi des seniors doit être réglée à travers des accords d'entreprise obligatoires, en développant des logiques de temps de travail dégressif, de transmission de compétences, d'évolution des métiers et des postes de travail. Ce n'est qu'à cette condition que nous sortirons de la spirale infernale de ces fins de carrière écrasées par le chômage, l'invalidité, ou le RSA. Pourquoi ne

1. « Les seniors sur le marché du travail en 2021 », Dares, 12 janvier 2023.

2. *Ibid.*

pas s'inspirer des pays scandinaves, qui prennent la question de la fin de carrière très en amont, et se montrent bien plus souples et inclusifs ?

La balle est entre les mains des entreprises : l'emploi des seniors relève de leur responsabilité. C'est pourquoi celles qui n'honoreraient pas leurs obligations et continueraient à se séparer des salariés les plus âgés devraient se voir imposer une contribution exceptionnelle, c'est-à-dire une pénalité financière.

C'est par cette mesure, préalable à toute réforme sur les retraites engageant un allongement de la durée de cotisations ou un report de l'âge légal, que le gouvernement aurait dû commencer.

Agir sur les métiers en tension

On sait pourquoi certains métiers sont en tension. Le gouvernement a voulu faire croire que c'est parce que le chômage et l'assurance-chômage sont trop généreux, mais les causes de ces tensions, outre l'absence de formation, sont surtout les conditions salariales, l'organisation du travail, et les pénibilités. Il faut les réévaluer pour qu'ils soient dignes des travailleurs, qu'ils soient français ou étrangers, au lieu d'imaginer une immigration destinée à occuper ces postes, comme le propose le projet de loi dans les cartons du gouvernement, avec des titres de séjour « métiers en tension ».

Dans un restaurant parisien, vous n'avez pas beaucoup de cuisines sans travailleurs migrants. On aura besoin de l'immigration, y compris économiquement. Mais je suis résolument contre les quotas prévus par la loi pour limiter les régularisations. Il faut un grand plan de régularisation des travailleurs sans papiers : ainsi, on régularise des personnes qui paient déjà leurs cotisations et leurs impôts et on les rend « libres » ; parallèlement, on libère les hôtels sociaux d'une population qui y est cantonnée parce qu'en situation irrégulière, elle n'a pas accès au logement. On retrouve donc une offre de logements d'urgence pour nombre de personnes qui en ont besoin.

À Saint-Nazaire, j'ai récemment rencontré une vieille femme de mon village qui aide les travailleurs migrants. Elle était avec un salarié qui, depuis sept ans, travaille et n'a pas son titre de séjour. Sept ans. Il faut mettre fin à cette hypocrisie collective, qui n'a qu'une seule raison d'être : occuper le terrain du Rassemblement national parce qu'on n'ose pas dénoncer la vacuité d'arguments cachée derrière sa xénophobie. Alors qu'il faut assumer une logique d'accueil et de besoins d'une immigration qui, de fait, n'est pas massive – elle est bien plus faible que les tendances mondiales – et qui est un bienfait pour l'économie française.

À la CFDT, on revendique que soit donné un titre de régularisation aux travailleurs. Si on a travaillé, si on contribue à la solidarité, on doit être régularisé.

Dans les métiers en tension, il n'y a pas que des métiers pénibles. Nous aurons besoin d'immigration dans les métiers intellectuels comme dans les métiers manuels. Mais la question, ce sont les conditions de travail, et non le statut des travailleurs. L'exploitation est illégale, même quand elle concerne des personnes en situation irrégulière. Il s'agit d'abord d'améliorer les conditions de travail de certaines entreprises, puis de reconnaître que des femmes et des hommes qui viennent d'arriver sur le sol français peuvent travailler, et doivent donc être régularisés.

Récemment, je suis allé fêter une victoire à la Défense, où nous avions gagné un combat syndical de revalorisation. À Cergy, où je devais rencontrer des militants des fonctions publiques, on était venu me prévenir que la section CFDT d'une entreprise de prestation de nettoyage à la mairie de Cergy était en grève. L'entreprise, Arc-en-ciel, ne payait pas toutes les heures supplémentaires, ne versait pas de treizième mois, ne déclarait pas certains travailleurs en prolongeant des CDD sans faire signer de contrat, et ne donnait pas les moyens de bien faire le travail en général. Bref, cette société cochait nombre de cases du mépris du travail. Les militants CFDT, dont beaucoup de femmes, étaient tous d'origine étrangère. Nous sommes allés voir le maire pour lui parler de la situation, et lui rappeler qu'en tant que donneur d'ordre, il était responsable de son prestataire. Les salariés ont gagné : ils ont eu leur treizième mois, ceux qui ne l'étaient pas ont été déclarés, ceux qui étaient lésés ont gagné le versement des heures supplémentaires qui manquaient sur leur fiche de paie. Ils ont fait trois jours de grève. Nous avons communiqué sur le sujet, le maire a interpellé le patron... Ces victoires permettent aux travailleurs de se remettre debout. Leur patron a essayé de les écraser en les réduisant à une pure force de travail. Et eux ont répondu en faisant jouer le ressort de la dignité des travailleurs. Grève, action syndicale, solidarité. C'est l'illustration de la force de l'action collective. Il n'y a pas de secteur où il serait impossible de faire valoir les droits des travailleurs. Et pour les travailleurs, cette lutte est source de progrès et d'immense fierté.

Il est temps de réfléchir sur les conditions – parfaitement identifiées – qui créent ces situations, et d'agir pour les modifier afin que la victoire soit législative, que tous les salariés, français comme étrangers, soient protégés collectivement, au-delà des situations au cas par cas où doivent aujourd'hui intervenir les syndicats.

Un management au service de tous

Un certain management par la performance a désenchanté le travail. Attention au prix qu'il nous fait payer. Rappelons que nous sommes le pays de l'Union européenne où il est le plus risqué de se plaindre des problèmes rencontrés dans son travail, et celui où les problèmes de sécurité au travail sont le moins rapidement réglés[1]. Nous sommes aussi celui où l'on meurt le plus souvent au travail[2]. L'intensification est la conséquence d'un déport des objectifs quantitatifs vers les personnes, sommées de faire toujours plus, et responsables en cas d'échec. La dimension collective en est absente. On ne se demande pas si l'organisation du travail

1. Conclusions de l'EU-OSHA, Agence d'information de l'Union européenne en matière de sécurité et de santé au travail.

2. Conclusions de l'agence publique Eurostat, direction générale de la Commission européenne chargée de l'information statistique.

est efficace, si chacun a les moyens pour réussir, si on peut faire valoir ses suggestions pour améliorer le process de production, ou participer collectivement à la détermination de ses conditions de travail. Là encore, on peut faire autrement. Les outils numériques qui servent à mesurer les performances pourraient être au service des salariés, leur proposer un accompagnement, un appui, un conseil, au lieu de tenter de les remplacer par des réponses formatées, de les mettre en concurrence, ou de les évaluer en les contraignant à réaliser des actions dans des temps toujours plus courts.

La culture et la logique du management font partie de la problématique globale de la démocratie au travail. Elles doivent évoluer. Quelle est la corde de rappel d'un travailleur quand il se sent oppressé ? Il y a les syndicats, il doit aussi y avoir le dialogue professionnel et la liberté d'expression, où les managers ont un rôle essentiel à jouer.

Deux choses me paraissent fondamentales : définir ce qu'on demande aux managers, la logique dans laquelle ils doivent s'inscrire – une logique d'accompagnement, ou une logique autoritaire, dans laquelle ils doivent faire appliquer des directives auxquelles ils ne souscrivent pas nécessairement –, et la formation, parce qu'on ne peut pas nommer des salariés managers sans les accompagner.

Un manager, si on devait en donner une traduction française positive, c'est un accompagnateur, un soutien, un « valorisateur ». Mais souvent, on a affaire à des chefs qu'on évalue sur leurs capacités de « cost-killers », plutôt que sur leur talent pour créer un collectif qui fonctionne. Je ne m'oppose pas à la hiérarchie, je ne défends pas une logique totalement horizontale, mais sans empathie, sans compréhension, cette fonction peut se révéler toxique. Ce n'est bien sûr pas toujours le cas, et les situations sont contrastées : on peut travailler dans une grande entreprise et se sentir accompagné, comme on peut être invisible dans une petite entreprise. On peut vivre des situations très difficiles dans des entreprises dont le niveau social est élevé. Ces fameuses situations de « bore-out », ou de « burn-out », l'illustrent bien. Et on peut être heureux dans un travail beaucoup moins bien rémunéré, mais où on se sent reconnu.

Toutes les écoles de management ne sont pas prêtes à entendre parler ni des syndicalistes, ni du travail réel. Et bien sûr, cela génère des problèmes, des gens sans expérience sont embauchés dans des entreprises et mènent des politiques complètement hors sol, alors que le management est d'abord une science sociale. Bien manager, c'est prendre en compte des situations différentes, et être capable d'adapter sa façon de travailler à chacun. D'autres pays d'ailleurs, certains pays du Nord notamment, exercent un management plus participatif, plus horizontal, plus bienveillant. Cette façon d'aborder sa fonction est aussi plus responsabilisante, avec une logique coopérative très forte – car il n'y a rien de pire que de déclarer à un collaborateur : « C'est pas moi, c'est le chef en haut qui demande que… »

Parfois, les managers ne connaissent pas du tout les métiers de l'entreprise pour laquelle ils travaillent. Certains, quand ils arrivent, demandent précisément à aller voir comment cela se passe : il est normal que des cadres dirigeants comme les managers aillent d'abord à la découverte des métiers et à la rencontre des travailleurs. À l'inverse, j'ai vu des entreprises où le chef était issu du bas de l'échelle, comme on dit, avait monté les échelons, et n'était pas du tout capable d'écouter les autres salariés, ce qui prouve bien que la qualité du management n'est pas prédéfinie, mais se construit. J'ai été marqué par mon père, qui disait qu'il ne fallait jamais se laisser empoisonner par ses chefs, que ce qui comptait, c'était la justice des mesures. Les travailleurs ne sont pas hostiles à la hiérarchie, tant qu'elle est juste et empathique.

Bien traiter son équipe s'apprend. Mais cela suppose que les managers ne soient pas entre le marteau et l'enclume. Ils ne sont pas stupides, ils savent très bien à quel moment ils franchissent la ligne rouge, mais il arrive qu'ils n'aient pas d'autre solution, comme ce cadre infirmier que je me souviens avoir vu craquer devant moi, à l'hôpital d'Aurillac, accablé par sa mauvaise conscience lorsqu'il avait été obligé de rappeler des agents sur leurs jours de congés. Il faut que les organisations et les entreprises réfléchissent à la façon dont elles dirigent leurs équipes, avec les intermédiaires de la chaîne de hiérarchie, pour éviter des situations ingérables et nécessairement conflictuelles.

J'ai commencé à manager très jeune, parce que j'ai été secrétaire général de la JOC (Jeunesse ouvrière chrétienne) à vingt-quatre ans. J'ai appris sur le tas, puis j'ai suivi des formations. Et à la CFDT, notre commission exécutive s'est formée au management.

D'abord, on écoute. Ce qui signifie qu'on n'a pas la conclusion d'une discussion avant d'avoir commencé. C'est en écoutant qu'on trouve des solutions. J'ai vu des jeunes cadres arriver dans les entreprises et être l'idole de leur équipe de travail au bout de trois mois parce qu'ils étaient capables d'offrir une expertise technique, et d'être dans un rapport de proximité, qui n'est pas du copinage, avec les salariés. Cette disposition peut s'acquérir, elle doit faire partie de l'apprentissage. C'est pareil pour un délégué syndical : il y a celui qui arrive dans une entreprise, un atelier, en disant « Voilà, la CFDT pense ceci, il faut faire comme cela », et celui qui demande comment ça va, ce qui se passe, quelles propositions ont été faites. Quand je vais voir des salariés, je ne viens pas leur dire ce qu'il faut faire. Je leur demande comment ils voient la situation, quelles sont les difficultés, etc. Souvent, c'est une tentation pour les équipes syndicales de me demander « la » solution. Il serait malhonnête de faire croire qu'un syndicaliste extérieur serait à même de résoudre des problèmes complexes, singuliers, engageant toute une équipe, en quelques heures – d'autant que ce syndicaliste, une fois la visite terminée, n'a pas à subir les conséquences de ce qu'il aura préconisé. Construire des solutions, c'est long, parfois ardu, c'est un engagement qui suppose des débats. Je n'ai jamais compris que, dans certaines situations difficiles, les acteurs – qu'ils soient syndicalistes, employeurs ou responsables politiques – cherchent la solution unique et simple. Notre rôle, c'est de dérouler des propositions, de poser des questions, et de se garder des réponses toutes faites qui empêchent de réfléchir, qui, d'une certaine façon, aveuglent. C'est vrai au niveau syndical, même si on a beaucoup progressé, mais c'est vrai aussi au niveau politique. Quand on exerce une responsabilité – qu'on soit manager, responsable syndical, ou président de la République –, on doit se souvenir qu'en face, il y a des adultes responsables, et pas des enfants à qui il faudrait « expliquer » des choses qu'ils n'auraient pas comprises. Les travailleurs comprennent très bien à quels problèmes ils ont affaire, les solutions ne sont viables que lorsqu'elles sont partagées.

Il s'agit donc de redonner des marges de manœuvre, accepter d'écouter. Dans un environnement de plus en plus complexe, il faut redonner de la capacité à agir. Même dans une situation difficile, on est plus heureux lorsqu'on a la possibilité d'imaginer des solutions, que lorsqu'on est maintenu dans un système de contraintes permanentes, où sont accordées quelques concessions de temps en temps.

Cette façon d'aborder la fonction de manager permettrait également d'envisager le télétravail avec plus de sérénité. Le manager qui doit vérifier que chacun est à son poste et fait correctement son travail est complètement perdu avec le télétravail. Mais s'il est à disposition pour donner un coup de main, un conseil, tenir compte de certaines aspirations ou de certaines difficultés, le télétravail ne remet pas en cause son rôle. Il faudrait que chaque entreprise soit capable de se fixer sa doctrine de management, une logique qui allie la performance à la considération, à la bienveillance, à l'accompagnement des personnes en situation difficile. Concrètement, cela veut dire former des managers, et les accompagner pour leur apprendre à accompagner à leur tour.

L'entreprise à l'avant-garde : les sociétés à mission

En 2018, à la suite du rapport très fouillé de Nicole Notat et Jean-Dominique Senard « Entreprise et intérêt général[1] », le Collège des Bernardins a organisé un débat de société porté par la CFDT autour de ce que l'entreprise devrait être. La conclusion énonçait : « Notre programme a confirmé la fécondité de la théorie de l'entreprise à la fois comme processus de création collective et comme acteur politique. Il montre aussi la nécessité de distinguer deux types de normes. Car si l'entreprise est un collectif, elle est surtout un dispositif d'action collective susceptible de transformer le monde. Il

1. Rapport remis en mars 2018 au terme d'une mission confiée par le gouvernement.

faut donc penser conjointement le collectif qu'elle forme et les finalités de son action au-delà de ce collectif. La double responsabilité de l'entreprise en découle. Elle s'appréhende au regard des parties qui la constituent mais aussi au regard des parties qu'elle sert. Il faut donc impérativement amender la perspective classique qui réduit la liberté et la finalité de l'entreprise à l'intérêt de ses seules parties[1]. »

La loi Pacte, promulguée en 2019, offrait notamment l'opportunité de répondre à ces exigences. Elle a permis que soient créées les sociétés dites « à mission », qui pensent la place de l'entreprise et de ses salariés à partir de la société tout entière, avec des critères sociaux et environnementaux. Il y en avait 88 à la fin de l'année 2020, et plus de 500 en 2022.

Pourquoi les entreprises se déclarent-elles « à mission » ? Parce qu'il y a une aspiration à un capitalisme beaucoup plus responsable, beaucoup plus soutenable. De plus en plus d'entreprises revendiquent des objectifs sociaux ou environnementaux. La loi Pacte permet de donner à toutes les parties prenantes un horizon commun. Cette stratégie est contrôlée par un comité de mission, qui doit

1. Colloque conclusif du programme de recherche du Collège des Bernardins, « Gouvernement de l'entreprise et création de commun », 16 mars 2018.

être indépendant et comporter des représentants des salariés, avec l'aide d'un auditeur indépendant. C'est une loi que je défends absolument en tant que syndicaliste. Je me suis battu pour que le travail ne dépende pas entièrement de l'économie. On a vécu dans une logique dominante de coût, il faut entrer dans une logique d'éthique, de pluralité des finalités et donner à de nouvelles instances le soin d'équilibrer les exigences. Et on voit que cette logique produit des effets : c'est pourquoi, par exemple, le Crédit Mutuel distribue 15 % de ses résultats sous forme de dividende sociétal pour financer des projets à valeur sociale ou environnementale. Et peu importe si c'est aussi, pour l'entreprise, une façon de communiquer : il y a comme une écume politique qui masque la réalité, mais la réalité, c'est le monde économique, et le monde du travail. De temps en temps, c'est vrai, les entreprises ont besoin de faire savoir ce qu'elles font en termes d'écologie, ou pour la société tout entière, mais ce qui compte, c'est avant tout qu'elles le fassent.

Rêvons un peu : le travail de demain pourrait être un lieu où on se sent reconnu, où la finalité de ce qu'on fait est claire, où la création de richesse humaine est valorisée à la même hauteur que la création de richesse financière.

On ignore ce que seront les emplois du futur, mais on sait qu'on devra penser le temps de travail par rapport au temps au travail, pour articuler le temps de travail et la vie personnelle. On entend une demande de pauses, c'est un mouvement général. On a tous envie d'avoir une vie en dehors du travail, de ralentir. Une fatigue réelle traverse la société, qu'il ne faut pas sous-estimer.

La transition écologique devrait nous contraindre, dès aujourd'hui, à anticiper, en développant des logiques de travail « apprenant », c'est-à-dire d'évolution, de reconnaissance et de valorisation des compétences – des compétences que nous devrons apprendre à reconnaître, où qu'elles soient, y compris dans les métiers considérés comme les plus simples.

4.

Politiques publiques des vrais « Jours heureux »

On s'en souvient, le président de la République avait promis pendant la crise du Covid-19 le « retour des jours heureux », reprenant le titre programmatique du Conseil national de la Résistance qui a imposé, entre autres mesures importantes, le suffrage universel. Pas de jours heureux sans démocratie, donc, c'est-à-dire, dans le travail, sans organiser et fixer un cadre d'écoute, de concertation, une possibilité d'agir pour les travailleurs.

Il faut revaloriser les métiers, certes, mais il faut aussi des politiques publiques imposant un certain nombre de contraintes. L'État en a les moyens, en conditionnant les aides publiques aux entreprises. Ces aides sont souvent indispensables ; elles doivent être le levier du progrès social. Il faut faire de l'organisation du travail un sujet obligatoire de négociation, sous peine de sanctions. Il faut que la loi instaure l'obligation du dialogue professionnel, de l'écoute. Il faut ouvrir davantage la gouvernance d'entreprise, en y intégrant les représentants des travailleurs. On ne fera pas le bonheur des salariés depuis le ministère du Travail, mais celui-ci doit donner une impulsion, au niveau global, pour une mise en œuvre locale.

L'État est beaucoup intervenu, ces vingt dernières années, pour alléger les contraintes des entreprises – allègements des cotisations, aides, mise en cause de certaines réglementations telles que la rupture conventionnelle collective ou la barémisation des indemnités prudhommales. Cette politique de soutien de l'activité économique était cohérente pour certaines entreprises, dans certains secteurs. La mondialisation a cependant provoqué une concurrence par les coûts qui a été intégrée comme une donnée permanente par tous les secteurs professionnels – même ceux qui, de fait, n'étaient pas soumis à ce type de concurrence. Et des aides qui pouvaient s'expliquer pour les secteurs les plus soumis à la concurrence internationale se sont généralisées, parfois au détriment d'autres choix qui auraient été préférables.

Parallèlement, on continuait à ne pas penser le travail. Or, la contrainte de l'État, la contrainte de la puissance publique, doit concerner le travail. Organisation du travail, dialogue professionnel, gouvernance partagée : objectivement, ce n'est pas compliqué. Mais cela signifie sortir d'une longue séquence politique de déni du travail concret. Et on l'a bien vu dans le mouvement des retraites : on n'a pas parlé du travail.

Le rôle de la puissance publique, c'est donc de penser le travail – non pas à la place des travailleurs, mais avec eux. Nous aurons bientôt un débat, j'en suis convaincu, autour de la semaine des quatre jours. Des gens vont se disputer sur les plateaux de télévision, pour ou contre. Et si on demandait aux salariés, si dans chaque entreprise on disait : « Négociez. Négociez une autre organisation du travail, une organisation qui vous convienne. » Pour l'instant, c'est le pouvoir – jalousement gardé – du patron. Il est temps de changer la donne en discutant les organisations de travail, en instaurant du dialogue professionnel pour que chacun puisse parler de la façon dont il vit son travail et dont il pense le faire évoluer.

Il y a toutes sortes de patrons : des mauvais et des bons – pour lesquels, d'ailleurs, il arrive que les gens restent dans l'entreprise. Mais la société est encore imprégnée d'une forme de paternalisme, comme si les salariés – et on retrouve cette idée dans le discours politique – étaient des enfants, des citoyens mineurs et pas des acteurs à part entière, comme si on savait mieux qu'eux ce qu'il convient de faire, et qu'on pouvait donc décider pour eux. On ne peut pas considérer que pendant sept à huit heures, les gens n'ont pas voix au chapitre, et leur demander le reste du temps de se comporter en citoyens responsables. Il faut donc considérer les travailleurs comme majeurs, tout simplement parce qu'ils le sont. Je le dis souvent : quand on travaille, on ne laisse pas son cerveau au vestiaire, mais on ne laisse pas ses aspirations aux portes de l'entreprise non plus. On se contraint, il ne s'agit pas que chacun fasse ce qu'il veut, mais la contrainte doit être pensée dans un cadre collectif, par tous. Et chacun doit pouvoir exprimer ses opinions et ses sentiments, discuter les choix, pour comprendre et éventuellement infléchir les décisions.

Les années à venir seront sans doute difficiles. Les syndicats, qui avaient pu sembler moins attractifs, ont démontré avec la réforme des retraites leur rôle central et leur profond enracinement dans le monde du travail. Le syndicalisme va cependant devoir affronter des défis importants pour assurer sa pérennité. Il est impératif qu'il ne renonce jamais à ses valeurs fondamentales – solidarité, démocratie, émancipation et égalité –, qu'il réunisse tous les travailleurs, qu'il soit force de proposition, qu'il soit capable de s'engager dans des compromis et de les valoriser, afin de montrer ce qu'il apporte concrètement aux travailleurs. Nous avons un système différent de celui des autres pays européens. En Belgique par exemple, les salariés qui ne sont pas syndiqués n'ont pas d'assurance chômage. Dans les pays nordiques, ils n'ont pas la couverture apportée par la convention collective signée par les syndicats. En France, il n'existe pas d'incitation puissante pour se syndiquer – puisque chacun profite de l'action de tous, pourquoi payer une cotisation, pensent certains. Aussi notre nombre d'adhérents n'est-il pas nécessairement représentatif : les responsables politiques prennent parfois un certain plaisir à souligner ce nombre, qu'ils jugent faible, en oubliant que la seule CFDT compte bien plus d'adhérents que l'ensemble des partis réunis. Parallèlement, les Européens ont du mal à comprendre notre système (car les votes à la Confédération européenne des syndicats [CES], dont je suis président, sont fonction du nombre d'adhérents), tout en étant impressionnés par notre exceptionnelle capacité de mobilisation.

À la CFDT, nos adhérents sont aussi très souvent militants ; ils représentent une force immense, lors des manifestations bien sûr, mais aussi au quotidien, par leur présence auprès des salariés. Plus les syndicats sont puissants, plus ils peuvent négocier en amont, pour éviter des conflits violents, et souvent douloureux pour les salariés. Ils doivent aussi être une force de proposition, élaborer, avec tous les acteurs, des réponses à partir des réalités du travail. Ils ont pour cela besoin d'être reconnus dans leur rôle de représentants des travailleurs, d'avoir les moyens d'exercer leur rôle en revenant sur certaines dispositions des ordonnances de 2017. En effet, comment remettre le travail au cœur des préoccupations sans renforcer le rôle des commissions Santé et sécurité au travail, qui doivent être élargies à toutes les entreprises à partir de 50 salariés ? Comment écouter et améliorer la situation des travailleurs sans remettre des représentants de proximité dans chaque lieu de travail ?

Nous n'attendons pas de l'État que dans chaque entreprise, il fixe l'organisation du travail, les conditions de travail, le dialogue social, la rémunération. Mais qu'il ouvre les fenêtres en grand. Qu'il laisse de l'espace pour agir en donnant un cadre. Qu'il impose des contraintes plus fortes aux entreprises qui ne respectent ni les travailleurs ni le dialogue social. Qu'il reconnaisse pleinement l'importance de la négociation collective au niveau national en reconnaissant l'autonomie des partenaires sociaux.

Qu'il organise régulièrement des conférences sociales sur le travail. Qu'il augmente les moyens de prévention des accidents du travail et les moyens de l'inspection du travail.

Si nous ne voulons pas nous résoudre à voir les populismes et les crispations identitaires se saisir du mal-être au travail, nous devons imposer un cadre politique qui mette ce sujet capital à sa juste place. Il faut pour cela un discours novateur sur le modèle économique, le modèle d'entreprise et le modèle du travail. Il faut redonner de la place au travail dans l'espace démocratique. Cela ne peut passer que par une reconnaissance pleine et entière de la démocratie sociale et de sa capacité à construire du progrès social.

5.

Un cas d'école : la réforme des retraites

J'ai déjà cité l'enquête faite en 2019 par la Dares, dans laquelle 37 % des salariés déclarent ne pas être capables de se maintenir dans le même travail jusqu'à la retraite. « Les métiers les moins qualifiés, au contact du public ou dans le secteur du soin ou de l'action sociale, sont considérés par les salariés comme les moins soutenables. Les salariés jugeant leur travail insoutenable ont des carrière plus hachées que les autres et partent à la retraite plus tôt, avec des interruptions, notamment pour des raisons de santé, qui s'amplifient en fin de carrière[1]. » En termes de familles professionnelles, il s'agit des caissiers, des employés de libre-service, des employés

1. « Quels facteurs influencent la capacité des salariés à faire le même travail jusqu'à la retraite ? », *op. cit.*

de banque et d'assurance – métiers qui ne sont pas toujours associés à la pénibilité dans l'imaginaire collectif –, des professionnels de l'action sociale et de l'orientation, des infirmiers, des sages-femmes, des employés d'hôtellerie ou de restauration, des ouvriers non qualifiés de la manutention, du bâtiment, de la mécanique, des vendeurs, des surveillants, des aides-soignants… À l'autre extrémité – ceux pour qui l'idée de poursuivre dans les mêmes conditions est la moins inacceptable –, on trouve les secrétaires, les techniciens de l'informatique, les employés de maison, les employés administratifs de la fonction publique, les médecins et assimilés, les secrétaires de direction, les cadres de la fonction publique…

Cette enquête montre bien que ce qui est en jeu dans le rapport au travail et à la retraite, c'est le sentiment d'usure, physique et parfois psychique, et la question relationnelle, l'autonomie, la solidarité, la capacité à y être heureux. Les facteurs de soutenabilité existent, ils sont connus : l'autonomie, la solidarité, l'écoute, l'aide de ses collègues, de ses supérieurs, les représentants du personnel. Ils aident les salariés, ils aident l'entreprise, ils auraient dû aider à penser la réforme des retraites.

En 2014, François Hollande, avec Marisol Touraine, a mis en place une augmentation progressive de la durée de cotisation, et il n'y a pas eu des millions de manifestants dans la rue. La question des réformes n'est ni institutionnelle, ni culturelle, comme le prétend la rumeur selon laquelle la France ne serait pas « réformable » ; en revanche, elle convoque une certaine conception de la démocratie. Dans une société aussi complexe que la nôtre – on peut parler du travail, mais aussi de la transition écologique, du logement, de la santé, de l'éducation, de la sécurité, des questions qui ne sont pas du tout annexes –, peut-on faire l'impasse sur le dialogue ?

Si on ne promeut pas la concertation, le débat constructif, la négociation, je n'imagine pas qu'on parvienne à franchir les obstacles qui se dressent devant nous.

Cela implique de considérer la parole de chacun. Le mépris à l'œuvre aujourd'hui n'est pas le seul fait de certains responsables politiques, il est très répandu : il faut revenir au respect, à la considération de chacun, tout en l'intégrant à un collectif. Il faut également tenir compte d'un monde qui s'est transformé, et sans aucun doute complexifié, avec des enjeux nouveaux et très urgents, tels que la question écologique ou la question internationale. Qui aurait pu imaginer, il y a quelques années, que nous entrerions dans une ère de risque démocratique, avec des régimes populistes d'extrême droite qui se diffusent rapidement au sein des démocraties occidentales ? Face aux problèmes, il n'y a pas de solution miracle. Il y a simplement la capacité de l'intelligence collective à opérer de bons choix, et le besoin que l'action politique ne se résume plus à édicter une loi prévoyant tous les cas de figure, mais qu'elle se déploie au contraire pour donner de l'autonomie et de la place au dialogue entre les acteurs. C'est pour cette raison qu'il est nécessaire de redonner du pouvoir d'agir à tous les niveaux.

Le monde contemporain mériterait des acteurs encore plus matures qu'auparavant. Or, dans une période où nous devons être capables d'innover, de créer un élan nouveau, on assiste plutôt à un affaiblissement de la réflexion, dans le monde politique mais également médiatique. Les modes de production et de consommation de l'information conduisent à la culture du « clash » plutôt qu'à la recherche patiente de la bonne analyse et de la proposition adéquate. Je ne suis pas « décliniste », mais j'ai parfois le sentiment que certaines fondations s'écroulent. Il faut agir aux deux extrémités de la corde : s'attaquer à la situation concrète vécue par les gens et donner des perspectives collectives qui soient des horizons atteignables et désirables collectivement. Posons-nous, ensemble, cette question : comment parvenir à construire un travail, une société vivables ? La concentration du pouvoir, de la responsabilité, est l'anti-modèle par excellence. Ni dans un pays, ni dans une entreprise, le pouvoir de décision ne devrait être entre les mains d'un seul, ou de quelques personnes. Et on le voit bien dans les entreprises : lorsque le pouvoir n'est pas partagé, il y a toujours des difficultés.

Quand on fait une réforme des retraites, on fait une réforme du travail. On doit écouter les travailleurs. Nous avions entendu, à la CFDT, le ressentiment d'une grande partie d'entre eux, après le Covid-19, et nous avions tiré la sonnette d'alarme.

La plupart de ces questions sont restées des angles morts : à la sortie du confinement, on a seulement posé, pour certains, la question de la reconnaissance salariale. Il fallait parler du travail, il fallait agir sur le travail. Nous l'avons dit pendant la campagne présidentielle à tous les candidats – sauf ceux de l'extrême droite, que nous ne rencontrons pas –, il était devenu nécessaire de prendre soin des travailleurs. Je l'ai dit aussi dans une lettre ouverte adressée au président de la République au lendemain de son élection : il ne faut surtout pas allonger l'âge du départ à la retraite, il faut s'occuper de la vie au travail et de la reconnaissance des salariés.

Quelle réponse est alors donnée ? Il faut aller jusqu'à 65 ans. Et c'est toute une partie de la population qui se sent humiliée.

On connaît les conditions de la victoire d'Emmanuel Macron. Au deuxième tour, la CFDT a pris ses responsabilités et affirmé une opposition totale à Marine Le Pen. Nous n'étions pas les seuls : j'ai alors – entre autres initiatives et appels – publié une tribune avec Philippe Martinez pour dire que Mme Le Pen était un danger, pour les travailleurs, pour les droits sociaux, pour les droits syndicaux[1].

Ce qui a eu lieu ensuite, c'est la chronique d'un désastre annoncé.

En avril 2022, au lendemain de l'élection de Macron, je publie à nouveau une lettre ouverte pour dire qu'il va falloir prendre les choses autrement[2]. À la même période, nous demandons des Assises du travail, pour fonder la réflexion à partir du travail réel. Face à cette demande, il y a une incompréhension totale du gouvernement, comme si les politiques au pouvoir ne pouvaient pas envisager qu'on

1. « Marine Le Pen est un danger pour les travailleurs », *Le Journal du dimanche*, 16 avril 2022.

2. « Monsieur le président, vous ne pourrez pas relever ces défis tout seul », *Le Monde*, 26 avril 2022.

prenne comme base une question aussi impalpable, un domaine irréductible à une loi ou à une formule. C'est en effet une tout autre approche. La CFDT ne propose pas de mesure magique, elle propose d'agir sur certains points, qui sont des points cruciaux, comme la négociation de l'organisation du travail. Nous proposons de parler du sens et de l'organisation du travail, du dialogue social et de la démocratie et, si on réforme les retraites, des pénibilités, des conditions d'exercice, etc. Nous savions alors que les questions de reconnaissance, de mépris au travail devaient être au cœur de la réflexion, mais notre proposition ne rencontre pas beaucoup d'échos. Le nouveau ministre du Travail, M. Dussopt, n'est absolument pas sensible à notre discours (même si le gouvernement a fini par organiser des Assises du travail, qui produiront, je l'espère, des changements concrets). On sent que c'est compliqué pour eux, que la matière travail ne leur paraît pas une matière politique – alors que c'est tout le contraire.

En septembre perce l'idée qu'il faut faire une réforme paramétrique des retraites – c'est-à-dire les 65 ans – et qu'il suffira d'un amendement, sans débat préalable sur le travail. Nous sommes stupéfaits. S'engage alors la bataille pour que cette réforme ne se réduise pas à un amendement au projet de loi de financement de la Sécurité sociale reportant l'âge légal à 65 ans. Nous finissons par nous faire entendre et obtenons gain de cause : il y aura bien une concertation préalable pour une réforme qui touche tous les Français.

D'octobre à décembre, nous rencontrons le ministre du Travail et la Première ministre. Mais il y a un point non négociable pour eux, nous le savons dès le départ, même s'il ne sera abordé qu'en décembre, c'est le report de l'âge.

En décembre, les 65 ans passent à 64 ans. La réforme n'en reste pas moins construite sur le report de l'âge, avec des arguments électoraux – parce que le président s'est engagé pendant la campagne sur cette question – et des arguments budgétaires. Il faut trouver 10 à 12 milliards par an. Alors, on consent à apporter quelques aménagements plus ou moins satisfaisants sur les carrières longues, la pénibilité, etc., mais dans le cadre d'un allongement de la durée de travail de deux ans. Jamais le choix du paramètre n'a pu être discuté malgré les propositions alternatives de la CFDT[1]. Et cette réforme qui conjugue durée de cotisation et âge percute très exactement la catégorie des travailleurs de première

1. Je renvoie ici au document « Réforme des retraites : les propositions de la CFDT pour un système plus solidaire », consultable sur notre site.

et deuxième lignes, qui se sent déjà invisibilisée et méprisée. Il y a des rustines, certes, pour adoucir l'impact. Mais la réalité de cette réforme, c'est que quelqu'un qui avait une carrière longue et partirait aujourd'hui à 60 ans partira demain à 62 ans.

Dès le départ, il était clair que cette réforme serait le résultat non pas d'un compromis social, mais d'un compromis politique, pour passer à l'Assemblée nationale.

En décembre, lors d'un rendez-vous fixé avec le président de la République à sa demande, Marylise Léon, Yvan Ricordeau et moi comprenons que la logique de l'âge est la seule qui s'impose à ses yeux et qu'il ne recherchera pas de compromis social.

Ce même mois, la présentation de la réforme est reportée au mois de janvier.

Le 3 janvier 2023, lors de ma dernière rencontre avec la Première ministre avant les grands mouvement d'hiver et de printemps, je la préviens que l'opinion va se retourner et qu'il y aura une immense mobilisation contre ce projet. À ce moment-là, la question des retraites n'occupe pas vraiment l'espace public : le gouvernement est convaincu qu'il gagnera la bataille de l'opinion.

Début janvier, la réforme est lancée lors d'une conférence de presse avec un argument incroyable : la Première ministre explique que c'est une réforme

« de justice, d'équilibre et de progrès ». C'est à ce moment, je crois, qu'on passe du mépris à la colère, une colère froide, une colère raisonnée, une colère responsable, une colère démocratique, une colère pacifique. Il y a un basculement, les travailleurs sont indignés qu'on convoque la justice sociale pour justifier une réforme qui allait précisément affecter la vie de ces travailleurs « un peu intermédiaires », et parmi eux, tout particulièrement les femmes, de l'aveu même d'un ministre. Cette colère qui émerge alors, je ne peux que la comprendre : comment peut-on présenter cette réforme comme une proposition de justice sociale ?

Pendant la deuxième quinzaine de janvier, un autre argument se développe, financier, celui-là. Il faut équilibrer les comptes. Il y aurait un déséquilibre tel que l'avenir du système des retraites serait engagé. Nous sommes en désaccord avec cette lecture, sans nier le déficit. Rappelons ici que la CFDT a toujours assumé ses responsabilités quand il s'agissait de préserver la pérennité du système des retraites, que ce soit pour le régime général ou pour les régimes complémentaires. Alors, comment régler ce problème de déficit ? On peut le régler par l'emploi des seniors (avec des contraintes financières pour les entreprises), par des contributions plus justes, par des carrières plus longues pour certains – mais pas pour tout le monde, et surtout pas pour la catégorie de travailleurs les plus touchés par la réforme. Durant cette deuxième quinzaine de janvier donc, le débat se déplace sur le terrain des experts, les travailleurs s'en éloignent. La politique du « quoi qu'il en coûte » avait donné le sentiment que les milliards ne signifiaient plus grand-chose. À tort bien sûr, mais le premier acte de sortie de ce « quoi qu'il en coûte » donne le sentiment aux salariés qu'à la fin, ils vont être les seuls à le financer. À ce moment-là, il y a certes un désaccord de fond avec les 64 ans, une mobilisation qui frémit, mais la justice sociale est reléguée au second plan.

Fin janvier, alors que l'argument du déséquilibre financier est fragilisé, on entend à nouveau la vieille injonction « Ah, mais il faut bien travailler ! ». Comme si on s'adressait à des enfants gâtés et paresseux, qui râlent parce qu'ils vont devoir travailler deux ans de plus. Et comme par hasard, ceux qui tiennent ce discours sont très majoritairement les gens qui ne sont pas touchés par cette réforme, ceux qui, dans le monde actif, vont continuer à travailler par choix, ou parce que les quarante-trois années de cotisation les amènent à plus de 64 ans. Eux, expliquent tranquillement que travailler deux ans de plus, ce n'est pas très grave. Cet aveuglement nous révolte, nous, syndicalistes, et nous voyons aussitôt dans les déplacements, dans les premières manifestations, que les salariés concernés sont eux aussi indignés. Parce que ce n'est pas le goût du travail qui est en jeu dans cette réforme, ce n'est pas un débat entre le camp des bosseurs et celui des fainéants. La question centrale, c'est : est-ce que cette réforme est juste, et est-ce qu'elle est en phase avec la réalité du monde du travail ? Et la réponse est non, pas du tout.

C'est pourquoi on a assisté à la plus forte mobilisation depuis le début des années 1990, selon les chiffres mêmes de la police – notamment lors des manifestations du 31 janvier et des 7 et 23 mars –, une mobilisation qui a rassemblé une diversité de métiers et de profils sociologiques extraordinaire. Car plus de 90 % des actifs sont hostiles à cette réforme[1]. Dans les cortèges de la CFDT ont défilé des travailleurs du bâtiment, de l'agroalimentaire, du nettoyage, de la restauration, de la métallurgie, des petites entreprises, des agents de catégorie C, des Atsem, etc. Le monde du travail est représenté dans toute sa diversité – et ce, dans la France entière. On a vu 16 000 manifestants à Foix, une ville de 10 000 habitants ; 10 000 personnes

1. Chiffre de l'Institut Montaigne, publié le 12 janvier 2023.

à Morlaix, 7 000 personnes à Guéret... C'est la France du travail, diverse, ordinaire, qui d'une même voix dit : Non, ce n'est pas possible. Les travailleurs sont en colère. Mais ce qui s'exprime dans les manifestations, ce n'est pas seulement la colère, c'est la dignité du monde du travail. Le message général, c'est : Nous aimons notre travail, même s'il y a des difficultés, nous le revendiquons, mais nous ne voulons pas qu'on nous marche dessus. Et là encore, quelle est la réponse du gouvernement ? Le silence, le mépris.

Le 14 avril, le Conseil constitutionnel valide le projet du gouvernement. Le report de l'âge légal est entériné ; les cavaliers sociaux, qui saupoudraient la réforme d'un peu de justice, sont censurés. Emmanuel Macron promulgue la loi aussitôt. Et en même temps, selon la logique qui lui est chère, il invite les syndicats à le rencontrer dans le cadre de ce « nouveau cycle » qui commencerait « avec les partenaires sociaux », comme si la vie des salariés se résumait à une suite de séquences.

Durant la bataille contre cette réforme, j'ai beaucoup parlé de crise démocratique. Je m'en suis déjà largement expliqué. Le gouvernement a utilisé en toute légalité les armes institutionnelles d'un régime démocratique : nous ne vivons pas dans une dictature.

Cependant, lorsqu'un président de la République ignore les manifestations de la France entière durant des mois, les sondages, les enquêtes d'opinion, les analyses des économistes de tous bords, lorsqu'il utilise précisément les institutions pour neutraliser les millions de voix qui s'élèvent contre une réforme jugée injuste, lorsqu'il refuse l'étape du vote de la loi de peur de le perdre, lorsqu'il ne s'adresse aux syndicats, représentatifs de centaines de milliers de travailleurs, qu'après les avoir niés, il nourrit une défiance dangereuse vis-à-vis de notre système démocratique. Ce système est plus fragile qu'il n'y paraît ; tout comme le ressentiment social, cette défiance profite avant tout à l'extrême droite, on l'a dit, on le sait parfaitement aujourd'hui. Opposer constamment une fin de non-recevoir à l'élan démocratique formidable qu'on a vu émerger ces derniers mois dans un grand mouvement de fierté et de responsabilité est donc très dangereux.

Il faudra bien répondre un jour à la question du travail, grâce au dialogue social et grâce au syndicalisme, dont on a pu une fois encore mesurer l'importance. On a entendu le terme de « travail » revenir enfin dans le discours des responsables politiques, et notamment lors de l'allocution télévisée du président, le 22 mars, après l'utilisation du 49.3, comme si une fois la réforme passée, on allait en effet devoir réfléchir à ce qui aurait dû au contraire constituer une base de réflexion. Mais s'emparer de cette question, ce sera évidemment beaucoup plus compliqué après avoir fait cette réforme, parce qu'on ne peut pas commencer à taper sur les salariés avant de leur dire qu'on va essayer d'améliorer les choses. Si le gouvernement n'est pas capable de mettre en place cette profonde transformation du travail, avec les propositions que nous portons (négocier l'organisation du travail, encourager le dialogue professionnel, instaurer un management beaucoup plus participatif, créer une reconnaissance salariale tenant compte du partage des richesses), il court à sa perte, mais il offre également une voie royale à Mme Le Pen. Car les sentiments de colère et de mépris, c'est souvent à l'extrême droite qu'ils profitent. Mme Le Pen – qui se moque complètement des travailleurs, ne connaît rien au sujet des retraites, n'a aucune perception des réalités de travail, qui est anti-syndicaliste, anti-organisation collective, qui se contrefiche des droits des femmes, même si elle prétend le contraire – gagne chaque jour des points à cause d'une politique qui nie la réalité des travailleurs. En mars 2023, 26 % des électeurs indiquaient qu'en cas de nouvelles élections législatives, ils choisiraient l'extrême droite ;

ils étaient 19 % à l'avoir fait en juin 2022[1]. Je ne peux pas m'y résoudre. À la CFDT, cette bataille-là est aussi au cœur de nos préoccupations.

Comment imaginer aujourd'hui que les choses reprennent comme si de rien n'était ? Bien sûr, le monde ne va pas s'arrêter de tourner. Mais la vie, dans le monde du travail, aura été changée non seulement par la réforme, mais également par la démonstration de la surdité de l'exécutif aux revendications d'une majorité inouïe d'actifs, et le ressentiment qui en est né ne va pas se dissiper. Il n'est pas seulement question de travailler deux ans de plus, mais de travailler deux ans de plus dans ces conditions.

Syndicalement, la période qui s'annonce est un défi. Au-delà de l'amertume, nous devrons continuer à construire du commun, du progrès, de l'espoir.

Le système de retraite par répartition souffre d'une forme de paradoxe : c'est le plus beau trésor collectif – c'est solide, c'est fondé sur la solidarité entre les générations – mais c'est aussi un

1. « À qui profite la crise des retraites ? », Fondation Jean-Jaurès, 4 avril 2023.

système profondément miné par les inégalités. À partir du système global, chacun a construit sa petite structure : les cadres d'un côté, tel secteur d'un autre, etc. Ces structures étaient fondées sur des logiques compréhensibles à l'origine, mais qui ne le sont plus toujours aujourd'hui. Par exemple, les pénibilités ne sont plus seulement industrielles, elles sont souvent aussi sociales, on le voit bien avec les aides à domicile ou les aides-soignantes, et le cadre du travail est à repenser en fonction des nouveaux usages numériques, qui ont fait exploser le temps de travail.

Notre système des retraites est merveilleux dans son fondement. Il faut le préserver, continuer de travailler en cotisant non seulement pour s'assurer des droits mais aussi pour payer la retraite des autres, en compensant les éventuelles difficultés de carrière par la solidarité. La retraite par répartition, il faut la défendre comme la prunelle de nos yeux. Mais il ne faut pas ignorer pour autant ses failles. C'est la raison pour laquelle nous plaidons pour un système universel des retraites. À cotisation égale, le taux de rendement devrait être le même pour tous. Les inégalités de carrières devraient être prises en compte – certains ont des carrières longues, d'autres hachées, notamment par la parentalité, qui est souvent d'ailleurs la maternité, certains travaillent à la fois dans le public et dans le privé, ce qui fait baisser les droits à la retraite alors qu'on est entré dans l'ère de la mobilité dans tellement de secteurs professionnels…

Aujourd'hui, il n'est plus possible de colmater ces failles – béantes – avec des rustines. Et il y avait une réelle opportunité d'entreprendre une réforme ambitieuse. Le programme de 2017 présentait une réforme qualitative ; en ce sens, il était beaucoup plus social. Mais les responsables politiques préfèrent parfois le simplisme à la complexité. Nos vies, notre société sont complexes, et il est plus difficile de construire un système universel que d'imposer une mesure brutale d'ajustement budgétaire. Par ailleurs, ce gouvernement n'est pas vraiment préoccupé par le monde du travail. Il est préoccupé par la « valeur travail », mais pas par la valeur du travail et la reconnaissance des travailleurs. C'est sans doute pourquoi il a choisi, en 2023, d'imposer une réforme purement budgétaire, sans tenir compte ni des réalités de travail, ni des inégalités inhérentes au système de retraite. C'étaient pourtant deux fondamentaux. Le discours s'est limité à 10 à 16 milliards d'économies, avec l'unique souci d'équilibrer un système dont on sait qu'il n'était pas menacé (et je rappelle ici une fois encore que lorsque ce système a réellement été menacé, la CFDT s'est engagée, en 2003, puis en 2014). La logique libérale du président de la République s'est durcie, l'action gouvernementale s'est droitisée. Certains choix étaient stratégiques : les 65 ans, prévus dans la réforme initiale, étaient destinés à occuper le terrain de la droite, qui portait elle aussi cette mesure dans sa campagne. C'était sans conviction, les macronistes avaient d'ailleurs dit entre les deux tours qu'ils pourraient passer à 64 ans. Rien n'était sérieusement travaillé.

La retraite est un sujet complexe, exigeant, qui nécessite d'avoir expertisé chaque mesure avant de se lancer dans des effets d'annonce. Tous les jours, on découvre les nouveaux impacts de cette réforme, et même les ministres sont perdus. Comment accepter qu'une réforme qui va influer si profondément sur la vie des Français soit bricolée à ce point, confuse à ce point ? Comment accepter qu'elle souffre d'un tel vice démocratique, que les mouvements de contestation qu'elle a engendrés soient, dans les faits, entièrement niés ?

La colère, je crains qu'elle perdure. Ce sera à nous de la transformer en énergie positive pour faire évoluer le travail, pour continuer notre action pour les droits et l'avenir des salariés de notre pays.

Conclusion

Le travail est la clé de la réussite économique, écologique et démocratique. C'est la clé d'entrée de la performance économique, de l'égalité, de la justice sociale, de la transition écologique, du pouvoir de vivre et du renouveau démocratique.

Il est aujourd'hui crucial de poser à nouveau les fondamentaux et de réfléchir ensemble.

Écouter, avant d'analyser et d'élaborer des solutions, c'est précisément le rôle des syndicats. Depuis mars 2019, la CFDT s'est associée à plus de soixante organisations pour construire le « Pacte du pouvoir de vivre » qui est un véritable projet pour la société[1]. Nous avons une vision de l'avenir, de l'environnement, du logement, de l'éducation, de la

1. L'ensemble des propositions est consultable sur le site www.pactedupouvoirdevivre.fr.

santé, de l'énergie… C'est une vision responsable, avec des suggestions concrètes, pour faire face aux défis qui se posent aujourd'hui et menacent déjà, on le voit, notre démocratie. Sur le travail, six points sont essentiels : la négociation de l'organisation du travail, le dialogue professionnel, une évolution du management, la conditionnalité des aides aux entreprises, davantage de moyens octroyés à la prévention et des rendez-vous réguliers pour suivre les travailleurs dans leurs évolutions et leurs attentes.

De même qu'ils n'ont pas tenu compte de nos avertissements, ni de la colère qui s'est exprimée lors des manifestations, ni le président de la République, ni son gouvernement n'ont souhaité considérer nos propositions – quand ils n'ont pas affirmé, contrairement à la vérité la plus élémentaire, que nous n'en avions élaboré aucune. Je ne remets pas en cause la légitimité du pouvoir : s'il est élu, il est légitime. Mais la légitimité, ce n'est pas seulement le vote, c'est ce qu'on fait du pouvoir qui nous est délégué. Comment on exerce ce pouvoir : avec les autres, dans les cadres fixés, en écoutant. En tant que représentant syndical, si j'ai toujours cherché à rencontrer tous les interlocuteurs possibles – dès lors qu'ils respectent les principes républicains –, c'est parce que c'est ainsi qu'on crée de la légitimité : en confrontant les points de vue, dans le respect et la recherche de compromis.

Lorsqu'on exerce une fonction de représentation collective, on a un devoir d'écoute. Je n'ai jamais compris comment on pouvait être au service d'un collectif pour lequel on éprouvait du mépris. Le travail est une matière complexe. Le social est une matière complexe. Il y a deux choix : la verticalité ou le dialogue. Depuis 2017, c'est la verticalité qui a été choisie, avec, ces derniers mois, une forme de paroxysme et un président de la République qui, par orgueil ou par incapacité, ne veut pas écouter les organisations syndicales et néglige les corps intermédiaires. Dès son arrivée au pouvoir, le président Macron a expliqué que les syndicats devaient simplement assurer une présence dans l'entreprise, sans autre ambition. C'étaient vraisemblablement à ses yeux des empêcheurs de tourner en rond et peut-être espérait-il les affaiblir comme il avait affaibli les partis politiques, déjà en piteux état. Je suis assez content d'avoir fait, avec d'autres, la démonstration que nous sommes encore là, au cœur de la France au travail. Il appartient désormais à d'autres de tracer l'avenir de ce syndicalisme dont les travailleurs ont tant besoin : à la CFDT, ce sera, avec l'ensemble des militants et responsables, le rôle de Marylise Léon, en qui j'ai toute confiance.

Le grand mouvement populaire qui s'est opposé aux manifestations aura au moins permis une avancée : le travail est revenu au centre des discours politiques. Au-delà des travailleurs concernés au premier chef, ceux de la première et de la deuxième ligne, ce mouvement a agrégé toutes sortes de profils, des jeunes, des plus anciens, des Parisiens, des provinciaux, des habitants des petites et des grandes villes, révélant une prise de conscience générale, une exaspération générale, mais aussi, dans cette période pour beaucoup difficile que nous traversons, une exigence de justice sociale. La société s'est avérée plus reconnaissante aux travailleurs « invisibles » que le monde politique. Elle s'est souvenue de ceux qui lui avaient permis de tenir.

Dans ce mouvement social, hormis les violences que nous condamnons, nous avons vu à l'œuvre un merveilleux exercice démocratique du monde du travail. C'est unique, et historique.

Le monde du travail s'est mis debout pour contester une réforme injuste. Désormais, nul ne pourra plus compter sans lui.

Paris, le 17 avril 2023

Merci

À Béatrice Leca, pour les échanges fructueux et riches qui ont nourri ces lignes.

À Marylise, Yvan, Jocelyne, Luc, Catherine, Philippe, Béatrice, Lydie, Fabien, mes collègues de la commission exécutive de la CFDT et, à travers elles et eux, tous les responsables, militantes et militants de la CFDT qui s'engagent au quotidien au service des travailleuses et travailleurs pour la justice sociale.

À Cécile, Luc, Élise, Dominique, Sophie, Nadia, Anne-Rose, Nadège, Valérie, Vincent et Christopher, avec qui travailler est un plaisir au quotidien. Quelle chance !

À l'équipe (grande équipe) de la confédération qui, chacun à son poste, fait vivre avec talent, engagement et idées à foison notre syndicalisme CFDT.

À Alexis Masse, pour sa relecture critique constructive et son soutien.

À mes filles Camille et Adèle, mes fils Simon et Émile, mes belles-filles Anaëlle et Orane, qui pétillent de vie.

À Mireille, pour son soutien sans faille, sa compréhension de cette vie si particulière de secrétaire général de la CFDT, et son amour.

Table

RÉALISATION : NORD COMPO À VILLENEUVE-D'ASCQ
IMPRESSION : NORMANDIE-ROTO IMPRESSION S.A.S. À LONRAI
DÉPÔT LÉGAL : MAI 2023. N° 154177 (2301730)
IMPRIMÉ EN FRANCE